le yoga
de la nutrition

Omraam Mikhaël Aïvanhov

le yoga
de la nutrition

3e édition

Collection Izvor
N° 204

EDITIONS PROSVETA

Editions Prosveta S.A. – B.P.12 – 83601 Fréjus Cedex (France)

ISBN 2-85566-209-5

Le lecteur comprendra mieux certains aspects des textes du Maître Omraam Mikhaël Aïvanhov présentés dans ce volume s'il veut bien ne pas perdre de vue qu'il s'agit d'un Enseignement strictement oral.

I

SE NOURRIR,
UN ACTE QUI CONCERNE
LA TOTALITÉ DE L'ÊTRE

Ce que je vous dirai sur la nutrition est de la plus haute importance, mes chers frères et sœurs, et très peu de gens, même parmi les plus instruits et avancés, le connaissent. Tout d'abord, bien sûr, vous trouverez que ce n'est pas tellement intéressant, mais en m'écoutant, et surtout en commençant à mettre ces vérités en pratique, vous serez obligés de reconnaître qu'elles peuvent enrichir, embellir et transformer votre existence.

Supposez qu'à la suite de certaines circonstances vous ayez été privé de nourriture pendant plusieurs jours : vous êtes tellement affaibli que vous ne pouvez plus marcher ni faire un seul mouvement. Même si vous êtes extrêmement instruit ou riche, toutes vos connaissances et vos possessions ne valent rien, comparées à un morceau de pain ou à un fruit que quelqu'un vous apporte. A la première bouchée, déjà, vous vous sentez ranimé. Cela n'est-il pas merveilleux ? Cette seule bouchée a mis en action tellement de mécanismes et de forces qu'une existence entière ne pourrait suffire à les énumérer tous.

Mais vous êtes-vous une seule fois arrêtés pour réfléchir à la puissance des éléments contenus dans la nourriture et au fait que, pour vous remettre sur pied, un repas sera toujours plus efficace que vos pensées, vos sentiments ou votre volonté?... Cette nourriture à laquelle vous n'accordez qu'une importance instinctive, et non une importance intellectuelle, consciente, c'est elle et elle seule qui est en mesure de vous redonner l'énergie et la santé. Grâce à elle, vous pouvez continuer à agir, à parler, à sentir, à penser.

Parmi leurs travaux les Initiés ont fait une grande place aux recherches sur la nutrition. Ils ont trouvé que la nourriture, qui est préparée dans les laboratoires divins avec une sagesse inexprimable, contient les éléments magiques capables de conserver ou de rétablir la santé non seulement physique mais psychique et d'apporter les plus grandes révélations. Mais pour bénéficier de ces éléments, il est nécessaire de connaître les conditions à remplir.

Evidemment on ne peut pas ne pas constater que le monde entier met la question de la nourriture à la première place. Tous tâchent d'abord de régler cette question, ils travaillent chaque jour et même se battent pour cela – beaucoup de guerres et de révolutions n'ont pas d'autre origine! Mais cette attitude vis-à-vis de la nourriture n'est encore qu'un instinct que les humains ont en commun avec les animaux ; ils n'ont pas encore compris l'importance spirituelle de l'acte de manger, ils ne savent pas manger. Observez-les pendant un repas : ils absorbent la nourriture de façon mécanique, inconsciente, ils avalent sans mastiquer, ils agitent dans leur tête et dans leur cœur des pensées et des sentiments chaotiques, et souvent même ils se disputent en mangeant. C'est ainsi qu'ils perturbent le fonctionnement de leur organisme : aucun processus ne se déroule plus correctement, ni la digestion, ni les sécrétions, ni l'élimination des toxines.

Des milliers de gens se rendent malades sans savoir que leurs maux proviennent de leur façon de se nourrir. Il n'y a qu'à voir ce qui se passe dans les familles : avant le repas, personne n'a rien à se dire, chacun est occupé dans son coin à lire, à écouter la radio ou à bricoler... Mais dès qu'il s'agit de se mettre à table, tous ont des histoires à se raconter ou même des comptes à régler, et ils parlent, ils discutent, ils se chamaillent. Après un pareil repas il faut aller se reposer ou même dormir, car on se sent somnolent, alourdi, et ceux qui doivent travailler le font sans goût ni enthousiasme. Tandis que celui qui a su manger correctement est lucide et bien disposé.

Vous direz : «Mais alors, comment doit-on manger ?...» Je vous parlerai de la façon dont un Initié conçoit la nutrition. Comme il s'agit pour lui de se mettre dans les meilleures conditions pour recevoir les éléments préparés dans les laboratoires de la nature, un Initié commence par se recueillir en se liant au Créateur, et surtout il ne se lance pas dans des conversations, il mange en silence.

Il ne faut pas considérer le silence pendant les repas uniquement comme une habitude de couvent ; un sage, un Initié mange dans le silence. Et lorsqu'il prend la première bouchée il tâche de la mastiquer consciemment, le plus longtemps possible, jusqu'à ce qu'elle disparaisse dans sa bouche sans même qu'il ait à l'avaler. Car l'état dans lequel on prend la première bouchée est extrêmement important. Il faut donc se préparer à le faire dans les meilleures dispositions possibles, parce que c'est cette première bouchée qui déclenche intérieurement tous les rouages. N'oubliez jamais que le moment le plus important d'un acte est son commencement, c'est lui qui donne le signal pour le déclenchement des forces, et ces forces ne s'arrêtent pas en chemin, elles vont jusqu'au bout. Si vous commencez dans un état harmonieux, tout le reste se fera harmonieusement.

Il faut manger lentement et bien mastiquer, parce que cela favorise la digestion, bien sûr, mais aussi pour une autre raison : c'est que la bouche, qui est la première à recevoir la nourriture, est le laboratoire le plus important, car le plus spirituel. La bouche joue sur un plan plus subtil le rôle d'un véritable estomac ; elle absorbe les particules éthériques de la nourriture, les énergies les plus fines et les plus puissantes, et ce sont les matériaux grossiers qui sont ensuite envoyés dans l'estomac.

La bouche contient des appareils extrêmement perfectionnés, des glandes situées sur la langue et sous la langue, qui ont pour tâche de capter les particules éthériques de la nourriture. Combien de fois avez-vous fait cette expérience ! Vous étiez là, affamé, inanimé presque, et vous avez commencé à manger... Dès les premières bouchées, avant même que la nourriture ait pu être digérée, vous vous sentiez déjà rétabli, ragaillardi. Comment cela a-t-il pu se faire si vite ? Grâce à la bouche l'organisme a déjà absorbé des énergies, des éléments éthériques qui sont allés alimenter le système nerveux. Avant que l'estomac reçoive la nourriture, le système nerveux est déjà nourri.

Lorsque je parle des éléments éthériques qu'il faut chercher à retirer de la nourriture, vous ne devez pas vous étonner. Un fruit, par exemple, est fait de matières solides, liquides, gazeuses, éthériques. Tout le monde connaît bien les matières solides et liquides. Beaucoup moins s'occupent des parfums qui sont déjà plus subtils et qui appartiennent au domaine de l'air. Quant au côté éthérique qui est lié aux couleurs du fruit et surtout à sa vie, c'est un domaine totalement ignoré et négligé, mais qui est pourtant de la plus grande importance, car c'est grâce aux particules éthériques des aliments que l'homme nourrit ses corps subtils.

Puisque l'homme ne possède pas seulement un corps physique mais d'autres corps plus subtils, sièges de ses fonctions psychiques et spirituelles (corps éthérique, astral, mental, causal, bouddhique, atmique), la question justement se pose pour lui de savoir comment alimenter ces corps subtils qui, à cause de son ignorance, restent souvent sans nourriture. Il sait à peu près ce qu'il doit donner à son corps physique (je dis : à peu près, car la plupart des humains mangent de la viande, ce qui est nocif pour leur santé physique et psychique), mais il ne sait pas alimenter les autres corps : le corps éthérique (ou corps vital), le corps astral (siège des sentiments et émotions), le corps mental (siège de l'intellect), et encore moins les autres corps supérieurs.

Je vous disais qu'il faut bien mastiquer les aliments, mais la mastication est surtout pour le corps physique. Pour le corps éthérique il faut ajouter la respiration. De même que l'air avive la flamme – vous savez que vous devez souffler sur un feu pour le ranimer – de même de profondes respirations au cours du repas produisent une meilleure combustion. La digestion n'est qu'une combustion, de même que la respiration et la réflexion ; seuls le degré de chaleur et la pureté de la matière diffèrent d'un processus à l'autre. Donc, en mangeant, vous devez vous arrêter de temps en temps et respirer profondément, afin que cette combustion permette au corps éthérique de retirer de la nourriture des particules plus subtiles. Le corps éthérique étant le porteur de la vitalité, de la mémoire et de la sensibilité, vous bénéficiez de son bon développement.

Le corps astral, lui, se nourrit de sentiments, d'émotions, donc d'éléments qui sont faits d'une matière plus fine encore que les particules éthériques. En vous arrêtant quelques instants avec amour sur les aliments, vous préparez votre corps astral à en extraire des particules plus précieuses que les particules éthériques. Lorsque le corps astral a absorbé ces éléments, il a toutes les possibilités de susciter des sentiments d'un ordre extrêmement élevé : l'amour du monde entier, la sensation d'être heureux, en paix et de vivre en harmonie avec la Nature.

Malheureusement, cette sensation, les humains sont de plus en plus en train de la perdre : ils ne sentent plus cette protection, cette sollicitude, cet amour, cette amitié des objets, des arbres, des montagnes, des étoiles ; ils sont inquiets, troublés, et même quand ils sont chez eux à l'abri, même pendant leur sommeil, ils ont l'impression d'être menacés. C'est une impression subjective, car en réalité ils ne sont pas tellement menacés, mais intérieurement quelque chose s'effrite et ils ne se sen-

tent plus protégés par la Mère Nature parce que
leur corps astral n'a pas reçu sa nourriture.

Nourrissez votre corps astral et vous éprouverez
des sensations de bien-être indescriptibles qui vous
pousseront à vous manifester avec générosité et
bienveillance. Si vous devez régler des questions
importantes, vous saurez vous montrer large, com-
préhensif et faire des concessions.

Pour nourrir son corps mental, un Initié se con-
centre sur la nourriture, et il ferme même les yeux
pour mieux se concentrer. Puisque la nourriture
représente pour lui une manifestation de la Divinité, il s'efforce de l'étudier sous tous ses aspects :
d'où elle vient, ce qu'elle contient, quelles sont les
qualités qui lui correspondent, quelles entités se
sont occupées d'elle, car des êtres invisibles travaillent sur chaque arbre, sur chaque plante. Son esprit
absorbé dans ces réflexions, il retire de la nourriture des éléments supérieurs aux éléments du plan
astral. De là naissent pour lui une clarté, une péné-
tration profonde de la vie et du monde. Après un
repas pris dans de telles conditions, il se lève de
table avec une compréhension si lumineuse qu'il
est capable d'entreprendre les plus grands travaux
de la pensée.

La plupart des gens s'imaginent qu'il suffit de
lire, d'étudier et de réfléchir pour développer ses
capacités intellectuelles. Non, l'étude, la réflexion
sont des activités indispensables mais insuffisantes ;

pendant les repas le corps mental doit être lui aussi alimenté pour devenir résistant et susceptible d'efforts prolongés.

Il faut bien comprendre que les corps astral et mental étant les supports, l'un du sentiment, l'autre de la pensée, ces deux corps ont besoin de recevoir une nourriture appropriée pour que l'homme puisse assumer sa tâche dans les domaines affectif et intellectuel.

Au-delà des corps éthérique, astral et mental, l'homme possède d'autres corps d'une essence encore plus spirituelle : les corps causal, bouddhique et atmique, sièges de la raison, de l'âme et de l'esprit, qui doivent aussi être nourris. Vous les nourrirez en vous laissant pénétrer d'un sentiment de reconnaissance envers le Créateur. Ce sentiment de reconnaissance, que les humains perdent aussi de plus en plus, vous ouvrira les portes célestes par lesquelles vous recevrez les plus grandes bénédictions. A ce moment-là tout se découvrira devant vous et vous verrez, vous sentirez, vous vivrez ! La reconnaissance est capable de transformer la matière grossière en lumière, en joie, et il faut apprendre à l'utiliser.

Si vous savez alimenter vos trois corps supérieurs, les particules subtiles que vous aurez ainsi captées seront distribuées partout, dans le cerveau, dans le plexus solaire, dans tous les organes. Vous

commencerez à vous rendre compte que vous avez
d'autres besoins, d'autres joies, d'une nature supérieure, et de plus grandes possibilités s'ouvriront
aussi à vous.

Quand vous avez fini de manger, vous ne devez
pas vous lever tout de suite pour entamer des travaux ou des discussions. Mais il n'est pas bon non
plus d'aller vous mettre une ou deux heures dans
un fauteuil ou une chaise longue. Si vous vous cou-
chez pour vous reposer, soi-disant, en réalité vous
ne vous reposez pas, vous vous alourdissez, votre
organisme devient paresseux. Quand vous avez fini
de manger, restez tranquille un moment en faisant
quelques respirations profondes qui permettront
une meilleure répartition des énergies dans l'organisme ; vous vous sentirez alors extrêmement bien
disposé pour entreprendre toutes sortes de travaux.

Il ne suffit pas de bien commencer le repas, il
faut le terminer aussi de la meilleure façon possible
pour donner un bon commencement aux différents
travaux qui vous attendent. N'oubliez jamais que
chaque activité a son commencement et que ce
commencement est le moment essentiel.

II

HRANI-YOGA

A l'heure actuelle, les gens désaxés par une vie trépidante cherchent des moyens pour retrouver leur équilibre, et ils font du yoga, du zen, de la méditation transcendantale, ou bien ils vont apprendre à se relaxer. Je ne dis pas que ce n'est pas une bonne chose, mais moi j'ai trouvé un exercice plus simple et plus efficace : apprendre à manger.

Quand on mange n'importe comment, dans le bruit, la nervosité, la précipitation, les discussions, à quoi cela sert-il d'aller ensuite méditer ou faire du yoga ? Quelle comédie ! Pourquoi ne pas comprendre que chaque jour, deux ou trois fois par jour, nous avons tous l'occasion de faire un exercice de détente, de concentration, d'harmonisation de toutes nos cellules ?

Si je vous demande de faire l'effort de manger dans le silence (non seulement de ne pas parler, mais de ne faire aucun bruit avec les couverts), en mastiquant longtemps chaque bouchée, en faisant

de temps en temps quelques respirations profondes, mais surtout en vous concentrant sur la nourriture et en remerciant le Ciel pour toute cette
richesse, c'est que ces exercices, tellement insigni-
fiants en apparence, sont parmi les meilleurs pour
acquérir la véritable maîtrise de soi. C'est la maîtrise de ces petites choses qui vous donnera la possibilité de maîtriser les grandes. Quand je vois quelqu'un qui est négligent et maladroit dans les petites
choses, il est facile pour moi de savoir non seulement dans quel désordre il a vécu dans le passé,
mais comment toutes ses déficiences vont se reflé-
ter négativement sur son avenir. Parce que tout est
lié.

Evidemment, il est difficile de se taire pendant
les repas pour se concentrer uniquement sur la
nourriture... Et si on arrive à se taire et à maîtriser
ses gestes extérieurement, on fait du bruit intérieurement... Ou encore, si on arrive à s'apaiser intérieurement, c'est la pensée qui vagabonde ailleurs.
Voilà pourquoi je vous dis que la nutrition est un
yoga, car savoir manger demande de l'attention, de
la concentration, de la maîtrise.

Mais pour pouvoir concentrer votre pensée
pendant les repas, il faut avoir déjà pris l'habitude
de la maîtriser dans la vie courante. Si vous êtes
toujours attentifs à ne pas vous laisser envahir par
des pensées et des sentiments négatifs, à ce
moment-là, oui, le terrain est préparé, et c'est faci-

le. Vous direz: «Mais alors, il faut se préparer toute la vie seulement pour manger convenablement?» Oui et non...

Tous les problèmes ne peuvent pas être résolus parce que l'on sait seulement manger correctement. Nous prenons les repas comme un point de départ, cela ne veut pas dire qu'il n'y a rien de plus important et que tout le reste de la journée on peut se laisser aller. Il ne faut pas mal me comprendre. C'est toute la journée qu'il faut être attentif et vigilant, et conserver aussi cette attention et cette vigilance pendant les repas.

Un repas est une cérémonie magique grâce à laquelle la nourriture doit se transformer en santé, en force, en amour, en lumière. Observez-vous: quand vous avez mangé dans un état d'agitation, de colère, de révolte, c'est toute la journée ensuite que vous vous manifestez avec aigreur, nervosité, partialité, et si vous avez des problèmes difficiles à résoudre, la balance penche toujours du côté négatif. Vous essayez ensuite de vous justifier en disant: «Que veux-tu, mon vieux, je n'y peux rien, je suis nerveux», et pour vous calmer vous prenez des médicaments, ce qui ne sert pas à grand-chose. Pour améliorer l'état de votre système nerveux, apprenez à manger.

Lorsque vous vous trouvez devant la nourriture, vous devez tout laisser de côté, même les affaires les plus importantes, car le plus important, c'est de se nourrir d'après les règles divines. Si vous avez mangé correctement, le reste se réglera avec une grande rapidité. Manger correctement permet donc de gagner beaucoup de temps et de faire une grande économie de forces. Ne vous imaginez pas pouvoir résoudre les problèmes plus facilement et plus rapidement en étant dans un état de fébrilité et de tension ; au contraire, vous laissez échapper les objets de vos mains, vous dites des mots maladroits, vous bousculez les gens, et ensuite vous devez passer des journées entières à réparer les dégâts.

La plupart des humains ne voient pas que les moindres activités de la vie quotidienne sont d'une grande signification, alors comment leur faire comprendre que les repas peuvent être pour eux l'occasion de développer leur intelligence, leur amour et leur volonté ? L'intelligence, tous pensent qu'elle se développe par l'étude, ou à la rigueur par les difficultés et les épreuves (quand vous êtes dans le pétrin, il s'éveille enfin une faculté qui vous pousse à réfléchir et à trouver le moyen d'en sortir)... Le cœur, quand on a une femme, des enfants que l'on doit protéger, aider. Ici, pendant les repas, le cœur ? Pensez-vous !... Et la volonté, quand on fait des efforts physiques, du sport, etc. Eh non, ceux qui raisonnent ainsi n'ont encore rien compris.

C'est pendant les repas qu'il faut commencer à s'occuper de l'essentiel, c'est-à-dire développer son cœur, son intellect et sa volonté. Oui, parce qu'il n'est jamais sûr que tous puissent aller dans les bibliothèques ou à l'université, qu'ils aient une femme et des enfants, ou qu'ils trouvent tellement d'occasions de faire des efforts physiques. Mais manger, tous sont obligés de manger.

Alors, regardez : voulez-vous développer votre intellect ? Eh bien, vous en avez l'occasion .chaque fois que vous voulez vous servir des objets qui sont sur la table. Essayez de les prendre et de les poser sans les heurter, sans rien bousculer à côté, c'est là un bon exercice d'attention, de prévoyance. Quand je vois comment les gens heurtent leurs couverts ou les laissent tomber, je sais déjà les défauts de leur intelligence. Ils ont beau être diplômés de plusieurs universités, je trouve qu'ils ont encore de grandes lacunes intellectuelles. Mais oui, à quoi servent les diplômes si on ne sait pas encore évaluer les distances ?

On veut, supposons, déplacer un verre, mais on n'a pas vu à quelle distance il était, devant ou derrière un autre objet, et toc ! on le heurte. C'est un tout petit détail, mais il révèle un défaut qui va se manifester en beaucoup plus grand dans la vie. Ces petites maladresses pendant les repas annoncent que, dans la vie courante, certains feront beaucoup de dégâts. Elles sont l'indice qu'il leur manque une certaine attention intérieure, et on peut voir déjà sur une petite échelle ce qu'ils feront dans les événements importants de l'existence : comment ils parleront et agiront sans attention, en bousculant les autres, en les heurtant, et ils mettront des années à réparer leurs gaffes et à souffrir.

Regardez, quand je prends cette bouteille qui sort du réfrigérateur, avant de m'en servir je dois penser qu'elle est humide et que si je ne l'essuie pas, elle peut glisser de mes mains et casser le verre ou l'assiette. Je dois donc l'essuyer si je veux bien la saisir et être sûr qu'elle ne m'échappera pas. Il en est ainsi pour chaque chose, à table et dans la vie... Si un objet échappe à votre vision, à votre conscience, vous n'en êtes plus le maître et il ne vous obéit pas. Pour dominer un objet, vous devez d'abord le dominer par la pensée; s'il vous échappe vous n'en serez jamais le maître.

Avant de vous mettre à table, tâchez aussi de voir s'il ne manque rien afin de ne pas avoir à vous lever plusieurs fois pendant le repas pour aller chercher un couteau, une assiette, du sel... C'est une chose que j'ai souvent observée quand on m'invitait : vingt fois la maîtresse de maison était obligée de se lever parce qu'elle avait oublié ceci, oublié cela... Pourtant on sait très bien ce qu'il faut puisque c'est la même chose qui se répète chaque jour. Eh non, on ne se rend même pas compte, et toute la vie ça continue, toute la vie on oublie et on doit interrompre les repas pour aller chercher ce qu'on a oublié. Il y a toujours quelque chose qui manque, et c'est le signe que dans d'autres domaines de la vie on est pareillement inattentif et négligent. Alors, comment croire que l'on va remporter des succès ?

Pour développer votre cœur vous éviterez de faire du bruit et de déranger les autres qui, eux aussi, ont besoin de s'apaiser, de se concentrer, de méditer. Beaucoup pensent : «Les autres ? mais qu'est-ce que ça peut bien me faire ?» Et voilà pourquoi le monde entier périclite : parce qu'on ne pense pas aux autres. Les humains sont incapables de vivre ensemble parce qu'ils n'ont aucun respect, aucune attention les uns pour les autres. Manger ensemble est donc une occasion magnifique de se développer et d'élargir sa conscience.

Le signe de l'évolution d'un être humain, c'est la conscience qu'il possède d'appartenir à un tout beaucoup plus vaste que lui dont il veille à ne pas troubler l'harmonie par son activité, ses pensées, ses sentiments, son bruit intérieur. Vous direz : «Comment, le bruit intérieur ?» Oui, tout bruit est le résultat d'une dissonance, et le bruit que nous faisons intérieurement avec nos tourments, nos révoltes, trouble l'atmosphère psychique. Celui qui fait ce bruit ne sait pas que, même pour lui, c'est très mauvais, et qu'un jour ce bruit apparaîtra dans son organisme sous la forme d'une maladie psychique ou même physique.

En prenant la nourriture, pensez aussi à lui envoyer votre amour, car c'est à ce moment-là qu'elle s'ouvre pour vous donner tous ses trésors. Regardez les fleurs : quand le soleil les chauffe, elles s'ouvrent, et quand il disparaît elles se ferment. Et la nourriture ? Si vous ne l'aimez pas, elle ne vous donnera presque rien, elle se fermera. Mais aimez-la, mangez-la avec amour, elle va s'ouvrir et exhaler son parfum, elle vous donnera toutes ses particules éthériques. Vous êtes habitués à manger automatiquement, sans amour, pour combler seulement un vide. Mais essayez de manger avec amour, vous verrez dans quel état merveilleux vous allez vous sentir.

Je sais bien qu'il est inutile de parler de l'amour à la plupart des humains, ils ne savent pas ce qu'est l'amour : saluer avec amour, marcher avec amour, parler avec amour, regarder avec amour, respirer avec amour, travailler avec amour... ils ne savent pas ! L'amour, ils croient que cela consiste uniquement à être au lit avec quelqu'un ; eh non, justement, cela n'est pas de l'amour souvent, et ça se voit ! S'ils savaient aimer vraiment, tout le Ciel serait avec eux.

Pendant les repas vous développez donc votre intellect et votre cœur, mais aussi votre volonté, puisque vous prenez l'habitude de contrôler vos gestes, de les rendre mesurés, harmonieux... Et le

geste est du domaine de la volonté. Les jours où vous vous sentez nerveux, considérez les repas comme une occasion d'apprendre à vous apaiser; mâchez la nourriture lentement, faites attention à vos gestes: quelques minutes après, vous aurez retrouvé votre calme. Il existe des remèdes très simples contre la nervosité. Vous avez commencé à parler ou à travailler dans l'agitation: si vous ne faites rien, vous resterez agité toute la journée et toutes vos énergies s'en iront parce que vous avez oublié de «fermer les robinets»... Alors, arrêtez-vous une minute, ne parlez pas, ne bougez pas... puis prenez un autre rythme, une autre orientation.

C'est pendant les repas qu'il faut commencer à apprendre le contrôle, la maîtrise. Donc, exercez-vous à manger en surveillant vos gestes pour ne faire absolument aucun bruit. Je sais que ce que je vous demande est presque la chose la plus irréalisable, mais vous y arriverez et tous ceux qui viendront ici seront stupéfaits. Ils diront: «Mais ce n'est pas possible, je n'en crois pas mes yeux!» Et je répondrai: «Eh bien, croyez-en au moins vos oreilles!»

Quand vous avez mangé dans le silence et dans la paix, vous gardez ensuite cet état toute la journée. Même si vous devez courir à droite et à gauche, il vous suffit de vous arrêter à peine une seconde pour sentir que la paix est toujours là. Parce que vous avez mangé correctement. Sinon, quoi que vous fassiez, que vous vous reposiez, que vous essayiez de parler calmement, vous êtes agité, troublé, trépidant.

Désormais la nutrition sera considérée comme un des meilleurs yogas qui existent, bien qu'on ne l'ait jamais mentionné nulle part. Tous les autres yogas : Radja-, Karma-, Hatha-, Jnana-, Kriya-, Agni-yogas sont magnifiques, mais il faut des années pour obtenir un petit résultat. Tandis qu'avec Hrani-yoga* (c'est ainsi que je l'appelle), les résultats sont très rapides. C'est le yoga le plus facile, le plus accessible ; il est pratiqué par toutes les créatures sans exception, bien que de façon encore inconsciente. Toute l'alchimie et la magie sont contenues dans ce yoga le plus méconnu et le plus mal compris jusqu'à ce jour.

C'est pourquoi, même si vous êtes débordé d'occupations, ne vous abritez pas derrière ce prétexte pour n'avoir aucune vie spirituelle. Trois fois par jour, au moins, vous avez les meilleures conditions pour vous lier au Ciel, au Seigneur, puisque trois fois par jour vous êtes obligé de manger. Tout le monde est obligé de manger. On n'a pas le temps de prier, on n'a pas le temps de lire, de méditer, c'est entendu, mais on est obligé de consacrer au

---

* Hrana, en bulgare, signifie nourriture.

moins quelques minutes à se nourrir. Alors, pourquoi ne pas profiter de ce moment pour vous perfectionner, pour vous lier au Seigneur, lui envoyer une pensée de gratitude et d'amour?

Désormais, que les repas soient pour vous l'occasion de faire ce travail spirituel tellement indispensable. Beaucoup de gens se croient parfaits parce qu'ils se conforment aux lois de la société : ils ne font de mal à personne, ils remplissent consciencieusement leurs tâches professionnelles et familiales. Mais malgré cela le monde divin est fermé pour eux, et ils n'ont pas cette joie, ce bonheur, cette plénitude, cette lumière qu'apporte la vie divine. Ils se trouvent parfaits, oui, mais de quelle perfection? Drôle de perfection où l'on n'a jamais de temps pour l'âme et pour l'esprit!

Bien sûr, il faut travailler pour subvenir à ses besoins et n'être un fardeau pour personne, mais il faut aussi trouver quelques minutes pour nourrir l'âme et l'esprit. Nous sommes venus sur la terre chargés d'une grande mission, mais beaucoup l'oublient pour ne penser qu'à leur réussite sociale, et ils se prennent pour des modèles! Mais quels modèles? Aucune lumière ne sort d'eux, ils n'ont pas consacré une seule minute à la vie spirituelle, à leur amélioration.

Vous êtes sur la terre pour très peu de temps et quand vous partirez vous n'emporterez pas de l'autre côté vos voitures et vos maisons. Tout cela restera ici, vous ne partirez qu'avec vos acquisitions intérieures, elles seules ne vous quitteront pas. Voilà ce que vous n'avez pas encore vraiment compris, c'est pourquoi vous êtes continuellement plongé dans des activités matérielles. Mais quel profit en tirerez-vous? Quand vous quitterez la terre vous devrez tout abandonner, et vous partirez nu, pauvre et misérable.

Tout ce que vous pouvez faire comme travail spirituel, faites-le au moins pendant les repas. Même si cela ne se voit pas, même si personne n'apprécie ces choses-là, allez-y, commencez à ramasser des richesses, à développer les meilleures qualités en vous. Quand vous reviendrez dans la prochaine incarnation le Ciel vous donnera les conditions les plus favorables à votre épanouissement parce que vous aurez commencé aujourd'hui à faire le vrai travail. Voilà une page de la Science divine que vous devez connaître, car même si elle n'est pas encore acceptée, c'est elle qui triomphera, qui vous éclairera, qui vous sauvera.

III

LA NOURRITURE,
UNE LETTRE D'AMOUR DU CRÉATEUR

Prenons un fruit... Sans nous attarder sur sa saveur, son parfum, sa couleur, considérons ce fruit rempli des rayons du soleil : c'est une lettre écrite par le Créateur et tout dépend de la façon dont nous lirons cette lettre. Si nous ne savons pas la lire, nous n'en retirerons aucun bienfait, et c'est dommage !

N'importe quelle fille, n'importe quel garçon, quand ils reçoivent une lettre de celui ou celle qu'ils aiment, regardez avec quelle ferveur ils la lisent, la relisent et la conservent précieusement. Mais la lettre du Créateur, on l'envoie au panier, elle ne mérite pas d'être lue ! L'homme est le dernier qui s'arrêtera à déchiffrer cette lettre ; les animaux sont plus attentifs que lui. Oui, les bœufs et les vaches, par exemple, quand ils n'ont pas bien déchiffré la lettre, ils la relisent. Vous riez, vous ne trouvez pas du tout cette explication scientifique... Bon, appelez cela scientifiquement «ruminer», si vous voulez, mais moi je vous dis qu'ils relisent la lettre...

La nourriture est une lettre d'amour envoyée par le Créateur et qu'il faut déchiffrer. D'après moi, c'est la lettre d'amour la plus puissante, la plus éloquente, puisqu'elle nous dit : «On vous aime... on vous apporte la vie, la force...» La plupart du temps, les humains avalent tout sans rien déchiffrer de cette lettre où le Seigneur écrit aussi : «Mon fils, je veux que tu deviennes parfait, que tu sois comme ce fruit : savoureux. Pour le moment tu es âpre, acide, coriace, tu n'es pas encore prêt à être goûté, alors tu dois t'instruire. Regarde ce fruit : s'il est arrivé à maturité, c'est parce qu'il a été exposé au soleil. Comme lui, tu dois t'exposer au soleil, au soleil spirituel : il se chargera de transformer en toi tout ce qui est acide, indigeste, et il t'ajoutera aussi de belles couleurs.» Voilà ce que nous dit le Seigneur à travers la nourriture. Vous ne l'avez pas encore entendu, mais moi je l'entends.

Pendant que nous mangeons, la nourriture nous parle, car les aliments sont de la lumière condensée, des sons condensés. Si vous avez toujours la pensée occupée ailleurs, vous ne pourrez pas entendre cette «voix» de la lumière. La lumière n'est pas séparée du son ; la lumière chante, la lumière est une musique... Il faut arriver à entendre la musique de la lumière ; elle parle, elle chante, c'est le Verbe divin.

On peut dire aussi que la nutrition est une sorte de radiesthésie. Chaque être, chaque objet émet des radiations particulières, et le radiesthésiste est celui qui sait capter ces radiations et les interpréter. Or, la nourriture a reçu des radiations du cosmos tout entier ; le soleil, les étoiles, les quatre éléments ont laissé sur elle des empreintes invisibles mais réelles ; ils l'ont imprégnée de toutes sortes de particules, de forces, d'énergies. Elle a même enregistré les traces du passage des hommes qui se sont promenés ou qui ont travaillé dans les champs auprès d'elle. Elle peut donc vous raconter son histoire, vous parler du soleil, des étoiles, des anges, du Créateur, vous révéler quelles entités se sont occupées jour et nuit de lui infuser telle ou telle propriété pour être utile aux humains, aux enfants de Dieu.

Même si la nature voit combien les humains sont endormis et ignorants, elle est tellement généreuse qu'elle se dit : «Bah ! qu'ils soient intelligents, conscients, éveillés ou non, je ferai en sorte que la nourriture leur donne des forces pour qu'ils puissent se maintenir en vie.» Comme les animaux, tous les gens inconscients arrivent à subsister grâce à la nourriture, c'est évident, mais elle ne les fait pas grandir spirituellement, ils ne ressentent qu'un bien-être physique.

Lorsqu'il s'agit de recevoir de la nourriture ses particules les plus subtiles, il faut être conscient,

éveillé, plein d'amour. A ce moment-là l'organisme tout entier est prêt à la recevoir d'une façon si
parfaite, que la nourriture à son tour se sent tou-
chée et déverse ses richesses cachées. Si vous savez
accueillir quelqu'un avec beaucoup d'amour, il
s'ouvre, il vous donne tout ; si vous le recevez mal,
il se ferme. Exposez une fleur à la lumière et à la
chaleur, elle s'ouvre, elle donne son parfum ; lais-
sez-la dans le froid et l'obscurité, elle se ferme. La
nourriture aussi s'ouvre ou se ferme d'après notre
attitude, et quand elle s'ouvre, elle nous offre ses
énergies les plus pures, les plus divines.

IV

LE CHOIX DE LA NOURRITURE

I

Un jour, une de mes disciples qui est médecin
reçut un coup de téléphone d'une dame : son mari
était au lit avec une grosse crise de foie. «Est-ce
que vous croyez que cela pourrait venir de ce qu'il
a mangé ? demande-t-elle ; avant-hier nous étions
invités à un repas de noces. – Ah ! dit notre sœur, et
qu'avez-vous mangé ? – Moi, pas grand-chose, je
n'avais pas très faim, mais mon mari a mangé d'un
très bon appétit», et elle commence à décrire le
menu. C'était quelque chose d'invraisemblable :
saucisse, saucisson, jambon, pâté, melon, ris de
veau aux moules, truite aux amandes, lapin aux
pruneaux, fromages, bombe glacée, Saint-Honoré,
fruits, toutes sortes de vins, du champagne, du café,
des liqueurs... «Vous croyez, docteur, dit la dame,
que quelque chose là a pu lui faire du mal ?» Beaucoup de gens ne font pas le rapport entre leur état
de santé et ce qu'ils ont mangé.

C'est pourtant avec la nourriture qu'il absorbe
que l'homme construit son corps, et il ne faut donc

pas croire qu'en avalant n'importe quoi on sera toujours bien portant, épanoui. Il faut voir qu'il existe un rapport entre ce que l'on mange et l'état dans lequel on sera ensuite. Si on absorbe toutes sortes de matériaux hétéroclites, ils iront s'entasser dans l'organisme qui ne saura plus comment les éliminer, et d'une façon ou d'une autre on sera malade. Il faut toujours être attentif à ce qu'on laisse pénétrer dans son corps.

Bien sûr, certains citeront le passage de l'Evangile où Jésus dit que ce n'est pas ce qui entre en l'homme qui est important, mais ce qui sort de lui. Il faut savoir interpréter ces paroles de Jésus. Est-il raisonnable de penser que si vous mettez des immondices quelque part, ce sont des puretés qui vont sortir? Bien sûr, si vous êtes un Initié, à cause de votre élévation, quoi que vous mangiez, vous allez le transformer et le renvoyer sous forme de lumière. Oui, mais il faut être un Initié. Quant aux autres, s'ils avalent des saletés, ce sont des saletés qui sortiront. Regardez ce qui sort à travers la bouche ou les yeux des gens parce qu'ils ne savent pas transformer, sublimer la nourriture! Ils ont avalé des saletés, et il sort des saletés. Comment pourraient-ils transformer quoi que ce soit quand ils n'ont ni intelligence, ni pureté, ni amour, ni bonté?

Jésus ne peut pas avoir conseillé de manger et de boire n'importe quoi, et d'ailleurs aucun Initié ne donnera ce conseil. C'est seulement si vous avez réalisé un grand travail spirituel capable de neutraliser les poisons et de transformer les impuretés en lumière que vous êtes libre d'absorber tout ce que vous voulez. Et d'ailleurs, l'inverse est vrai aussi : tant que vous n'aurez pas décidé de faire un travail spirituel, même la meilleure nourriture ne vous transformera pas. L'essentiel, c'est la puissance de la vie intérieure, de la pensée, du sentiment.

Je sais que ceux qui s'occupent de diététique conseillent certains aliments et en déconseillent d'autres. Ils peuvent avoir raison, bien sûr, mais c'est surtout la façon de manger qu'il faut surveiller. Mangez ce que vous voulez, mais mangez-le comme il faut et en quantité raisonnable, vous serez bien portant. J'ai vu des quantités de gens qui suivaient des régimes macrobiotiques ou je ne sais quoi, mais très souvent ces régimes ne les guérissaient pas et même les affaiblissaient. Je n'ai rien contre la macrobiotique, je reconnais qu'elle contient quelque chose de vrai. Mais là où je ne suis pas d'accord, c'est lorsqu'on donne la première place à l'alimentation. Non, la nourriture est seulement un moyen. Ce qui importe le plus, c'est la vie psychique, la vie spirituelle, la nourriture vient après.

La meilleure nourriture n'a jamais empêché certains d'être méchants, vicieux, et de vouloir dévaster le monde entier. Même le végétarisme

n'est pas tout-puissant: Hitler était végétarien!
Tandis que d'autres qui mangeaient même de la
viande ou une très mauvaise nourriture sont devenus des saints et des prophètes. Ils n'avaient fait
aucune étude, ils mangeaient ce qu'ils trouvaient,
vivaient sans hygiène, mais ils avaient donné la
prépondérance à l'esprit, et avec les quelques vérités qu'ils connaissaient, un amour immense pour
ces vérités et une volonté inflexible pour les réali-
ser, ils arrivaient à faire des merveilles.

Mais revenons à la nourriture que nous prenons
tous les jours. Evidemment, dans le plan physique
nous ne trouverons pas une nourriture absolument
pure: on ne peut même jamais tellement savoir sur
quoi on va tomber. Tandis que dans le domaine
des sentiments, des pensées, nous pouvons être très
vigilants et faire un choix pour nous nourrir cons-
tamment des pensées et des sentiments les meilleurs et rejeter les autres. Les pensées et les sentiments sont des matériaux dont nous formons nos
différents corps subtils, et si nous construisons un
taudis, symboliquement parlant, nous ne recevrons
pas la visite d'un prince ou d'un grand-prêtre, mais
celle de clochards. C'est nous qui construisons nos
corps éthérique, astral et mental, et d'après la qualité de ces corps, notre destin est tout tracé: nous
serons visités par des entités lumineuses ou téné-
breuses, nous recevrons des joies ou des souffran-

ces, nous aurons la gloire véritable ou nous vivrons dans l'obscurité.

L'avenir de l'homme dépend de la façon dont il se nourrit. Si vous vous nourrissez mal dans le plan physique, vous avez mauvaise mine et tout le monde vous demande ce qui se passe. Puisque la qualité des aliments peut changer votre apparence, il en est de même pour la qualité de vos pensées et de vos sentiments. Certaines pensées et certains sentiments sont capables de vous embellir, et certains autres, malheureusement, de vous enlaidir. Alors, pourquoi ne pas faire attention?

La transformation de l'être humain ne peut pas se faire sans l'acquisition de particules nouvelles d'une meilleure qualité. C'est pourquoi observer le silence pendant les repas ne suffit pas, ce silence nous devons aussi le remplir des pensées et des sentiments les plus élevés, car il devient alors tellement puissant et magique qu'il possède tous les éléments nécessaires à l'alimentation de nos corps subtils. Le silence n'est pas un vide, il n'existe pas de vide dans la nature, tout est rempli de forces, de matériaux, d'éléments de plus en plus purs au fur et à mesure que l'on s'élève dans les régions supérieures, et ce silence puissant et magique est une mine de richesses où nous pouvons puiser.

II

Les quatre éléments (terre, eau, air, feu), qui correspondent aux quatre états de la matière sont contenus dans la nourriture que nous absorbons tous les jours. Donc, en mangeant, nous pouvons entrer en relation avec les Anges qui président à ces quatre éléments : l'Ange de la terre, l'Ange de l'eau, l'Ange de l'air, l'Ange du feu, pour leur demander de nous aider à édifier notre corps physique, à le rendre tellement pur et subtil qu'il devienne la demeure du Christ, du Dieu Vivant.

Chacun de ces Anges représente des qualités et des vertus déterminées : l'Ange de la terre, la stabilité ; l'Ange de l'eau, la pureté ; l'Ange de l'air, l'intelligence ; l'Ange du feu, l'amour divin. Si, lorsqu'il prend sa nourriture, l'homme se lie par la pensée à ces quatre Anges, il reçoit des particules d'une qualité plus spirituelle grâce auxquelles il construit ses corps subtils, jusqu'au corps de la lumière. Quand il est arrivé à construire ce corps lumineux que les Ecritures appellent le corps de la

gloire, l'homme devient véritablement immortel.*
Le corps physique, lui, ne peut pas subsister très
longtemps : il est obligé de rendre tous les éléments
qui le composent à la mère terre dont il est sorti.
Mais dans son corps de lumière, dans son corps de
la gloire, l'homme peut vivre éternellement.

Le corps de la gloire est un germe éthérique, un
germe minuscule, un électron que nous recevons
tous en héritage et qui attend d'être formé, nourri,
développé. C'est un processus exactement compa-
rable à celui de la gestation. De même que la mère
doit travailler pendant des mois sur le germe
qu'elle a reçu du père, en lui ajoutant les matériaux
nécessaires pour arriver à la formation d'un être
vivant qui sera peut-être capable de remuer le
monde entier, de même dans le plan spirituel nous
devons travailler sur le germe du corps de la gloire
pour arriver à le développer. Tant que nous ne
pensons pas à lui, tant que nous ne nous occupons
pas de lui, il reste là, négligé, enfoui, enterré. Heu-
reusement, il ne peut pas mourir : il attend le
moment où nous deviendrons conscients et travail-
lerons à le développer, à le rendre puissant et lumineux.

Ce corps de la gloire doit être formé des éléments de la plus grande pureté, de la plus grande

---

* Voir tome IX des Œuvres complètes : «Le corps de la
résurrection».

intensité. Car seules les vibrations intenses de la
lumière s'opposent au processus de la maladie et de
la mort, à la dislocation, la fermentation, la désa-
grégation... Quand la lumière triomphe dans
l'homme, il devient immortel. C'est pourquoi il est
tellement important qu'à travers la nourriture vous
appreniez à manger et à boire la lumière avec la
conviction absolue que vous recevez ainsi la nouvelle vie.

Par la nutrition, vous pouvez entrer en relation
avec les Anges des quatre éléments qui deviendront
vos amis et collaboreront avec vous. Donc, quand
vous mangez, oubliez vos soucis, vos rancunes, vos
mauvaises pensées, car c'est cela qui empoisonne
la nourriture et vous rend malades. Liez-vous aux
Anges des quatre éléments, dites : «O Ange de la
terre, Ange de l'eau, Ange de l'air, Ange du feu,
donnez-moi vos qualités : la stabilité, la pureté,
l'intelligence, l'amour divin...» et c'est ainsi que
vous entrerez dans la nouvelle vie.

V

LE VÉGÉTARISME

La nutrition est une question très vaste, car elle ne se limite pas seulement aux aliments et aux boissons que nous prenons lors des repas. On se nourrit aussi de sons, de parfums, de couleurs. Les êtres du monde invisible en particulier se nourrissent d'odeurs. L'habitude de brûler de l'encens dans les églises, par exemple, vient de cette connaissance très ancienne que les esprits lumineux sont attirés par les odeurs pures, comme celle de l'encens, tandis que les esprits infernaux sont attirés par les odeurs nauséabondes. Mais il n'y a pas seulement les odeurs : les sons et les couleurs sont aussi une nourriture pour les esprits invisibles et peuvent servir à les attirer. C'est pourquoi, souvent, les peintres représentent les anges jouant de la musique et vêtus de robes aux couleurs chatoyantes.

Il est dit dans les Ecritures : « Vous êtes des temples du Dieu Vivant ». Il ne faut donc pas souiller

ces temples en y introduisant des éléments impurs.
Si les humains savaient dans quels ateliers célestes
ils ont été créés, ils seraient beaucoup plus attentifs
à la nourriture qui entre dans la construction de ce
temple où Dieu doit venir habiter. Malheureusement, en mangeant de la viande, la majorité d'entre
eux ressemblent davantage à des cimetières remplis
de cadavres qu'à des temples.

Chaque créature, animale ou humaine, est
poussée à choisir telle nourriture plutôt que telle
autre, et ce choix est toujours très significatif. Si
vous voulez savoir quels sont les résultats de la
nourriture carnée, allez visiter un parc zoologique,
regardez les animaux carnivores, et vous serez
immédiatement renseigné. D'ailleurs, il n'est
même pas nécessaire d'aller jusque dans les parcs
zoologiques pour faire cette constatation. On trouve dans l'existence des échantillons humains de
toutes les espèces d'animaux, et même de ceux qui
ne figurent pas dans les parcs, comme les mam-
mouths, les dinosaures et d'autres monstres préhis-
toriques ! Mais soyons charitables et restons-en aux
parcs zoologiques : là, vous pouvez constater que
les grands carnassiers sont des animaux redoutables
qui répandent autour d'eux des odeurs extrêmement fortes, tandis que les herbivores ont en géné-
ral des mœurs beaucoup plus paisibles. La nourriture qu'ils absorbent ne les rend ni violents ni
agressifs, tandis que la viande rend les carnivores

irritables. De même, les humains qui mangent de la viande sont davantage poussés vers une activité brutale et destructrice.

La différence entre la nourriture carnée et la nourriture végétarienne réside dans la quantité de rayons solaires qu'elles contiennent. Les fruits et les légumes sont tellement imprégnés de lumière solaire qu'on peut dire qu'ils sont une condensation de lumière. Quand on mange un fruit ou un légume, on absorbe donc, de façon directe, de la lumière solaire qui laisse très peu de déchets en nous. Tandis que la viande est plutôt pauvre en lumière solaire, c'est pourquoi elle se putréfie rapidement; or, tout ce qui se putréfie rapidement est nocif pour la santé.

La nocivité de la viande a encore une autre cause. Lorsqu'on conduit les animaux à l'abattoir, ils devinent le danger, ils sentent ce qui les attend, et ils ont peur, ils s'affolent. Cette peur provoque un dérèglement dans le fonctionnement de leurs glandes qui sécrètent alors un poison. Rien ne peut éliminer ce poison; il s'introduit dans l'organisme de l'homme qui mange de la viande, et cette présence n'est évidemment favorable ni à sa santé ni à sa longévité. Vous direz: «Oui, mais la viande est délectable.» Peut-être, mais vous ne pensez jamais qu'à votre plaisir, à votre satisfaction. C'est seulement le plaisir du moment qui compte pour vous,

même si vous devez le payer par la mort d'innombrables animaux et par votre propre ruine.

De plus, il faut savoir que tout ce que nous
absorbons comme nourriture devient au-dedans de
nous une antenne qui capte des ondes bien déterminées. C'est ainsi que la viande nous lie au monde
astral. Dans les régions inférieures du monde astral
grouillent des êtres qui se dévorent entre eux
comme le font les fauves, et ainsi, en mangeant de
la viande, nous sommes en contact quotidien avec
la peur, la cruauté, la sensualité des animaux.
Celui qui mange de la viande entretient dans son
corps un lien invisible avec le monde des animaux
et il serait épouvanté s'il pouvait voir la couleur de
son aura.

Enfin, enlever la vie aux animaux est une
grande responsabilité; c'est une transgression de la
loi: «Tu ne tueras pas.» D'ailleurs dans la Genèse,
lorsqu'avant la chute Dieu donna à l'homme sa
nourriture, Il dit simplement: «Voici, je vous
donne toute herbe portant de la semence et tout
arbre ayant en lui du fruit d'arbre et portant de la
semence: ce sera votre nourriture.»

En tuant les animaux pour les manger, ce n'est
pas seulement la vie qu'on leur enlève mais aussi
les possibilités d'évolution que la nature leur avait
données dans cette existence. C'est pourquoi, dans
l'invisible, chaque homme est accompagné de
toutes les âmes des animaux dont il a mangé la

chair ; ces âmes viennent lui réclamer des indemnités en disant : «Tu nous as privé de la possibilité d'évoluer et de nous instruire, donc c'est à toi désormais de t'occuper de notre éducation.» Bien que l'âme des animaux ne soit pas semblable à celle des humains, les animaux ont une âme, et celui qui a mangé de la chair d'un animal est obligé de supporter la présence de son âme en lui. Cette présence se manifeste par des états qui appartiennent au monde animal ; c'est pourquoi lorsqu'il veut développer son être supérieur, il rencontre des difficultés, les cellules animales n'obéissent pas à son désir, elles ont une volonté propre dirigée contre la sienne. C'est ce qui explique que beaucoup de manifestations des humains n'appartiennent pas en réalité au règne humain mais au règne animal.

En ce qui concerne les poissons, la question se présente différemment. Les poissons sont placés depuis des millions d'années dans de très mauvaises conditions d'évolution, on le voit lorsqu'on étudie la structure de leur organisme, leur système nerveux est resté très rudimentaire. Il est donc permis de les manger, ce qui les fait évoluer. En outre, il existe dans les poissons un élément spécialement fait pour l'époque actuelle : l'iode.

La nourriture que nous absorbons va dans notre sang, et de là elle attire les entités qui lui correspondent. Il est dit dans les Evangiles : «Là où se trouvent les cadavres, là s'assemblent les vautours». Cela est vrai pour les trois mondes : physique, astral et mental. Donc, si vous voulez être bien portants dans les trois plans, n'attirez pas les vautours avec des cadavres. Le Ciel ne se manifeste pas au travers de gens qui se laissent envahir par des impuretés physiques, astrales et mentales.

La viande correspond à un élément spécial dans les pensées, les sentiments et les actes. Si par exemple vous rêvez que vous mangez de la viande, vous devez être attentifs, vigilants, parce que cela indique que vous serez exposés à certaines tentations bien déterminées : commettre des actes de violence, vous laisser entraîner par des désirs sensuels ou avoir des pensées égoïstes et injustes. Car la viande représente tout cela : la violence dans le plan physique, la sensualité dans le plan astral et l'égoïsme dans le plan mental.

La tradition rapporte qu'avant la chute Adam avait un visage rayonnant, et tous les animaux l'aimaient, le respectaient, lui obéissaient. Après la chute, Adam a perdu ce visage et les animaux sont devenus ses ennemis. Si les bêtes n'ont plus confiance en l'homme, si les oiseaux s'envolent à son approche et que toute la création le considère comme un ennemi, il y a une raison : c'est qu'il est tombé des hauteurs spirituelles où il se trouvait. Il faut qu'il retrouve sa première splendeur en se soumettant à nouveau aux lois de l'amour et de la sagesse, il se réconciliera alors avec tous les règnes de la création et ce sera l'avènement du Royaume de Dieu sur la terre.

En apparence, la guerre entre les hommes est due à des questions économiques ou politiques, mais en réalité elle est le résultat de tout ce massacre que nous faisons des animaux. La loi de justice est implacable : elle oblige les humains à payer en versant autant de sang qu'ils en ont fait verser aux animaux. Que de millions de litres de sang répandus sur la terre qui crient vengeance vers le Ciel ! La vaporisation de ce sang attire non seulement des microbes, mais des milliards de larves et d'entités inférieures du monde invisible. Voilà des vérités qu'on ne connaît pas et qu'on n'acceptera peut-être pas, mais qu'on les accepte ou non, je suis obligé de vous les révéler.

Nous tuons les animaux, mais la nature est un organisme, et en tuant les animaux, c'est comme si nous touchions certaines glandes de cet organisme : à ce moment-là, les fonctions se modifient, il se crée un déséquilibre et il ne faut pas s'étonner si quelque temps après la guerre éclate chez les hommes. Oui, on a massacré des millions d'animaux pour les manger sans savoir que, dans le monde invisible, ils étaient liés à des hommes et que ces hommes doivent donc mourir avec eux. En tuant les animaux, ce sont les hommes que l'on massacre. Tous disent que l'on doit enfin faire régner la paix dans le monde, qu'il ne doit plus y avoir de guerre... Mais la guerre durera tant que nous continuerons à tuer les animaux, parce qu'en les tuant, c'est nous-mêmes que nous détruisons.

VI

LA MORALE DE LA NUTRITION

Certains s'imaginent qu'il est nécessaire de beaucoup manger pour être en bonne santé et avoir des forces. Pas du tout, c'est même le contraire : en mangeant beaucoup on fatigue l'organisme, on entrave et bloque les processus digestifs, et cela entraîne des surcharges inutiles qu'il est presque impossible ensuite d'éliminer. Voilà comment toutes sortes de maladies apparaissent à cause de cette opinion erronée qu'il faut beaucoup manger pour bien se porter.

En réalité, c'est la faim qui prolonge la vie. Si vous terminez toujours vos repas rassasié, repu, vous allez vous alourdir, devenir somnolent, et vous n'aurez plus aucun élan vers la perfection. Tandis que si vous sortez de table avec un léger appétit, en ayant refusé les quelques petites bouchées dont vous aviez encore envie, le corps éthérique reçoit une impulsion pour aller chercher dans les régions supérieures des éléments qui combleront le vide ainsi laissé. Et quelques minutes plus tard, non seulement vous n'avez plus faim, mais vous vous sentez plus léger, plus vivant, plus capable de travailler, parce que ces éléments que le corps éthérique est allé chercher dans l'espace sont justement d'une qualité supérieure. Tandis que si vous mangez à satiété et même au-delà de vos besoins, par plaisir de manger comme le font tant de gens, vous ne serez en réalité jamais rassasié et vous allez provoquer un déséquilibre en vous.

Lorsque vous mangez excessivement, il se produit un trop-plein, et votre corps éthérique, qui est surmené, ne peut plus assumer ses fonctions : à ce moment-là, certaines entités inférieures du plan astral, voyant cette abondance de nourriture, se précipitent pour prendre part au festin que vous êtes en train de donner inconsciemment. C'est pourquoi quelques instants plus tard vous sentez à nouveau un vide et vous éprouvez le désir de recommencer à manger pour le combler... Et les indésirables reviennent aussi. Voilà comment vous devenez un appât magnifique pour attirer et nourrir les voleurs et les affamés du plan astral qui se régalent à vos dépens.

Evidemment, là aussi, quand je parle de sortir de table avec la faim, je ne parle que d'une très légère privation. Si vous vous privez sans cesse d'une matière nécessaire à l'organisme, le corps éthérique ne peut réparer ces manques. Mais si, sur un kilo, vous supprimez vingt grammes, vous vous sentez plus léger, mieux disposé à cause de l'élément éthérique qui vient s'ajouter à la nourriture que vous avez déjà prise.

Combien de fois j'ai fait cette expérience de manger un tout petit peu moins que je n'avais faim! Vous me direz: «Mais on est tenté, on a envie de continuer!» Eh, je sais bien qu'on est tenté! Mais que faites-vous de la raison et de la volonté? C'est une occasion de les exercer! Même dans les plus grands festins, les fêtes, les réceptions, il faut savoir refuser. Moi, je refuse souvent. Partout où l'on m'invite, on me présente toutes sortes de plats, et pourtant j'ai prévenu à l'avance: «Ne faites rien d'extraordinaire, donnez-moi un peu de salade, quelques légumes, quelques fruits.» Bien sûr, on n'en tient pas compte, on prépare quand même un repas fantastique, et quand on voit que je n'en prends que très peu, on est déçu. Mais tant pis, il fallait me croire!

Il y a très longtemps que j'ai compris ce que l'on perd à se laisser aller à manger au-delà de sa faim; on le paie de la perte d'un élément subtil bien plus précieux que la saveur des meilleurs plats. Vous aussi, vous devez savoir refuser ce que l'on vous offre. Si vous ne refusez pas, vous serez incapable de fournir un travail important. Vous serez repu, endormi quelque part, alors qu'il y a un travail spirituel, là, qui vous attend. Vous ne devez pas vous endormir, car ce travail, il faut le faire!

Bien sûr, c'est à chacun de savoir pour lui-même la quantité de nourriture qui lui convient. Tout le monde n'a pas le même estomac, je le sais, et j'ai rencontré dans la vie quelques phénomènes. Comme Tséko, par exemple, un frère de la Fraternité de Bulgarie : son appétit faisait la stupéfaction de tous, jamais il ne semblait rassasié.

C'était un garçon gentil, serviable, toujours souriant, toujours aimable. Comme il était extrêmement costaud, il portait les bagages de tout le monde. Quand la Fraternité montait camper sur le Moussala, il était chargé comme un bourricot : les sœurs, surtout les plus âgées, lui donnaient leurs affaires à porter, et il acceptait tout sans riposter, sans bougonner. Quand on se retournait sur le chemin, on apercevait toute une montagne qui avançait. Souvent même, pendant les excursions, c'est lui qui transportait sur son dos le samovar dont les frères et sœurs se servaient pour faire le thé, et il le portait avec les braises ; l'eau se mettait à bouillir, on entendait des sifflements, on voyait de la fumée, et Tséko avançait tranquillement, on aurait dit une locomotive.

Evidemment, avec une aussi bonne nature il était sympathique à tout le monde, et chacun voulait l'inviter. Mais partout où il allait, il mangeait tout ce qui était sur la table. Si on voulait garder quelque chose, il ne fallait surtout pas le laisser sous ses yeux, car tout disparaissait dans cet esto-

mac unique au monde. Quand nous campions à
Rila il restait parfois des repas une certaine quantité de nourriture que l'on mettait de côté pour la
jeter parce qu'elle était déjà fermentée. Mais quand
les sœurs qui s'occupaient de la cuisine allaient
chercher cette nourriture pour la jeter, elle avait
disparu : Tséko l'avait mangée. Mais quoi qu'il ait
mangé, il n'était jamais malade. Le Maître Peter
Deunov se rendant compte à quel phénomène il
avait affaire, envoyait auprès de lui tous ceux qui
étaient sans appétit : rien qu'en regardant Tséko
manger, l'appétit leur revenait. Oui, c'était vraiment un phénomène !

Et ce n'est pas tout. Alors qu'il n'avait absolument aucune instruction, il se mit à écrire des poèmes. Il croyait que la poésie consistait à trouver des
rimes, et alors il écrivait des choses qui n'avaient ni
tête ni queue, mais ça rimait ! Evidemment, quand
il lisait ces «poèmes» on ne pouvait s'empêcher de
rire, tellement c'était comique. Il voyait bien qu'on
se moquait de lui, mais imperturbablement, avec le
sourire – jamais il ne s'est vexé des moqueries et
des critiques – il continuait à nous lire ses poèmes
auprès du feu, le soir, à Rila. Mais voilà qu'un jour
il se mit à écrire de la véritable poésie et tous
étaient étonnés. On ne se moquait plus, on ne plai-
santait plus.

Ensuite, il voulut composer de la musique, écrire des chants. Là, de nouveau, on commença à rire

et à plaisanter : Tséko compositeur ! Et puis, on s'aperçut bientôt que les frères et les sœurs qui se promenaient dans les montagnes, près des lacs de Rila, fredonnaient les airs de Tséko et chantaient ses chants.

Il était électricien, et un jour nous avons appris avec une grande tristesse, qu'en travaillant sur un poteau électrique, il avait pris le courant et était tombé. C'est ainsi qu'il est mort. Tout le monde le regrettait, et après cinquante ans, je pense encore souvent à lui. En tout cas je n'ai jamais vu un estomac pareil.

Mais vous, vous n'êtes pas Tséko et vous devez savoir que l'excès de nourriture est nocif pour la santé. De plus, en mangeant davantage qu'il n'est nécessaire, vous prenez ce qui était destiné aux autres, et si beaucoup en font autant, certains mangeant trop et d'autres pas assez, il s'ensuit un déséquilibre dans le monde. Les malentendus, les révolutions, les guerres ont pour origine la convoitise, l'avidité, le manque de mesure de ceux qui accumulent des richesses (nourriture, terrains, objets) dont les autres sont privés. Mais la conscience collective n'est pas éveillée pour comprendre et prévoir les conséquences éloignées, les perturbations que ces tendances peuvent provoquer.

Ce besoin de prendre, d'absorber plus qu'il ne faut, pousse les êtres à asservir les autres et même à les supprimer à la moindre résistance ou opposition. Même minuscule, c'est là le point de départ de grandes catastrophes. C'est donc très tôt qu'il faut maîtriser, mesurer et régler cet instinct. S'il n'est pas surveillé, il peut prendre des proportions tellement gigantesques dans tous les domaines de l'existence qu'il deviendra la source des plus grands malheurs.

Voilà pourquoi le disciple doit apprendre à ne pas dépasser la mesure dans la nourriture. Il doit savoir s'arrêter avant d'être rassasié. Quand on ne sait pas s'arrêter on alimente en soi des désirs qui ne sont pas naturels, on devient comme ces gens riches qui ont le besoin maladif de tout accaparer. Ils sont déjà riches, mais leurs ambitions et leurs convoitises sont tellement gigantesques qu'ils veulent engloutir le monde entier.

Jésus disait qu'il est plus facile à un chameau de passer par le chas d'une aiguille qu'à un riche d'entrer dans le Royaume de Dieu. Depuis deux mille ans cette image n'a jamais été expliquée, et pour certains qui ne savaient pas sur quel argument s'appuyait Jésus, c'était une image bizarre. En réalité, Jésus ne pensait pas au corps physique, mais au corps astral. Chez le riche, le corps du désir, le corps astral, est tellement gonflé, dilaté à cause de l'excès de ses convoitises, qu'il devient comme une tumeur immense qui l'empêche de passer par la porte, pourtant très large, du Royaume de Dieu.

Tandis que le corps astral du chameau est très petit parce qu'il est sobre et qu'il se contente de peu. C'est pourquoi il est capable de parcourir les déserts ; là où tous succombent, le chameau continue.

Alors, vous voyez, ceux qui ne se sont jamais préoccupés de cette question et qui mangent déraisonnablement se préparent dans leur corps astral des tumeurs qui les empêcheront de passer les portes de l'Initiation. Et en même temps, ils s'endettent, car ils prennent ce qui appartient à d'autres, et cette attitude est contraire aux lois du monde spirituel qui demandent une organisation, une répartition équitable et harmonieuse des choses.

Si les êtres d'en haut voient que vous avez une mentalité égoïste et grossière, ils ne vous acceptent pas parmi eux. Ils vous disent : «Restez en bas, dans la jungle, là où les bêtes se mangent entre elles, c'est là votre place», et vous aurez beau vous plaindre qu'on vous ronge, qu'on vous pique, tant que vous ne raisonnez pas d'après la philosophie de la Grande Fraternité Blanche Universelle, vous souffrirez et les portes du Ciel vous seront fermées.

Il faut comprendre que cette question de la nourriture ne s'arrête pas seulement à la nourriture physique. Pour les sentiments et les pensées, ce sont les mêmes lois. Les amoureux qui mangent sans mesure, jusqu'à satiété, finissent eux aussi par avoir des tumeurs dans leur corps astral, et la porte du Ciel leur est fermée. La preuve que le Ciel s'est fermé, c'est qu'ils sont complètement écœurés, dégoûtés, toutes leurs inspirations sont parties, et ils se séparent, ils s'entre-tuent.

Abandonnez donc l'idée qu'il faut beaucoup manger pour être en bonne santé. Parce qu'elles aiment leurs enfants, certaines mères croient bien faire en les gavant. Voilà des mères stupides! Au lieu de gaver un enfant, il faut lui apprendre comment manger et lui montrer la mesure, lui faire comprendre qu'en prenant pour soi plus qu'il ne faut, il prive les autres d'une façon ou d'une autre, si ce n'est dans le plan physique, c'est dans le plan astral ou mental... Or, il faut penser aux autres. Combien y en a-t-il parmi vous qui pensent à partager leurs richesses lorsqu'ils sont dans l'abondance? Je parle surtout ici pour les sentiments, pour les pensées. Il y a des jours où vous êtes dans l'émerveillement, vous vous sentez riche, heureux... Est-ce qu'à ce moment-là vous pensez un peu à distribuer de votre bonheur à tous ceux qui sont dans la souffrance et la désolation? Non, vous gardez tout pour vous.

Il faut savoir donner un peu de cette abondance, de ce bonheur qui déborde et dire: «Chers frères et sœurs du monde entier, ce que je possède est tellement magnifique que je veux le partager avec vous. Prenez de ce bonheur, prenez de cette lumière!» Si vous avez la conscience suffisamment développée pour faire cela, vous êtes inscrits dans les registres du Ciel comme des êtres intelligents et pleins d'amour. Et même, ce que vous avez ainsi distribué va se placer sur votre compte dans les banques célestes, où vous pourrez puiser plus tard quand vous en aurez besoin. Et votre joie reste en vous, intacte, personne ne peut vous la prendre parce que vous l'avez placée en lieu sûr.

D'ailleurs, si vous saviez vous observer, vous remarqueriez que chaque fois que vous gardez une joie sans vouloir la partager avec d'autres, des êtres malfaisants du monde invisible qui vous guettent vous envoient à travers une personne de votre entourage quelque chose qui vous fait perdre cette joie. Même quand vous êtes le plus heureux, il se passe quelque chose d'imprévisible qui vous enlève votre joie. Parce que vous n'avez pas pensé à la partager, à la donner au Seigneur ou à la Mère Divine en disant: «Moi, je ne sais pas à qui la distribuer, je suis tellement bête! Cette joie est à Toi, Seigneur, à Toi, ô Mère Divine; je vous la donne pour que vous la distribuiez.» Et le Seigneur et la Mère Divine distribuent votre joie, tandis qu'une partie est déposée dans les réservoirs du Ciel. Acceptez cette vérité et profitez-en pour votre bien et celui du monde entier.

Désormais essayez de toujours garder la mesure lorsque vous mangez parce que c'est là une question qui va beaucoup plus loin que le seul domaine de la nutrition. D'ailleurs, si vous appreniez à manger avec plus de conscience et d'amour, même en diminuant la nourriture de moitié ou du quart, vous puiseriez en elle des énergies extraordinaires. Car, en réalité, l'énergie que peut dégager une seule bouchée serait capable de faire marcher un train tout autour de la terre. Oui, une seule bouchée !

VII

LE JEÛNE

I

Le jeûne, une méthode de purification

Lorsque vous mangez, votre organisme absorbe les éléments qui lui sont utiles et tâche de se débarrasser de ceux qui lui sont étrangers ou nuisibles. Mais l'organisme n'est pas toujours en état de faire cette discrimination, soit que vous l'ayez surchargé, soit que la nourriture absorbée contienne trop d'impuretés. A ce moment-là les déchets s'accumulent dans différents organes, et ce sont les intestins surtout qui en sont encombrés.

Mais même pure, la nourriture laisse des déchets en nous, c'est pourquoi il est bon de temps en temps de jeûner pour permettre à l'organisme de faire le travail de nettoyage nécessaire. D'ailleurs, le jeûne est une méthode que nous enseigne la nature. Observez les animaux : quand ils sont malades, instinctivement ils se mettent à jeûner ; ils vont se cacher quelque part, trouvent une herbe qui les purgera, et ils se guérissent.

Quand vous voyez de la poussière déposée sur les meubles de votre maison, vous savez qu'il faut

l'enlever. Mais quand il s'agit de comprendre que
votre propre organisme doit subir aussi un nettoyage au moins une fois par semaine et que les millions d'ouvriers que sont les cellules de votre corps
ont parfois besoin d'être mis en congé, là vous ne
pouvez pas. Certaines maladies se manifestent par
de la fièvre, les yeux qui larmoient, le nez qui
coule, la peau qui se couvre de petites éruptions :
c'est une purification. Puisque vous ne voulez pas
vous purifier vous-même, ce sont vos organes qui
sont obligés de faire le travail à votre place.

Jeûner est une habitude salutaire, et il serait
bon que, si les conditions le permettent, chacun
puisse jeûner chaque semaine pendant vingt-quatre
heures, en se consacrant plus particulièrement à un
travail spirituel : se lier aux entités lumineuses,
choisir de la musique et des lectures qui puissent
l'inspirer, purifier ses pensées et ses sentiments.
Ceux qui se soumettent à cette discipline du jeûne
constatent après un certain temps que les matières
que l'organisme rejette par les voies naturelles perdent leur odeur.

Supposez que je sois médecin, et écoutez-moi
sans vous choquer de mes paroles. Si vous remar-
quez que l'odeur des matières que vous rejetez, ainsi que l'odeur de votre transpiration, deviennent
très fortes et même désagréables, sachez que c'est le
signe que vous êtes malade physiquement ou psychiquement. Vous direz que ces odeurs dépendent

uniquement de la nature des aliments que vous avez mangés ce jour-là. Non, et même observez-vous : si durant quelques jours vous êtes inquiet, coléreux ou jaloux, votre odeur change. Tout se reflète là, dans l'odeur du corps.

Un jeûne de plusieurs jours peut aussi être bénéfique, mais là encore il faut trouver des conditions convenables. Il vaut mieux s'arranger pour jeûner pendant les vacances par exemple, afin d'être libre et de pouvoir seulement lire, se promener, méditer, prier, écouter de la musique... De plus, étant donné que, lorsqu'on jeûne, c'est l'air qui remplace la nourriture, il est préférable de choisir un endroit où l'on pourra respirer de l'air pur.

Plusieurs constateront que lorsqu'ils jeûnent, ils ont des douleurs dans le dos, ou des palpitations, ou des maux de tête... Comme c'est un langage spécial de la nature et qu'on ne le comprend pas, on se dit : «Jamais plus je ne jeûnerai.» Voilà un mauvais raisonnement. Ces malaises sont des avertissements de la nature qui vous prévient qu'un jour ou l'autre vous aurez à souffrir dans ces mêmes organes où vous éprouvez maintenant une douleur. Donc, si vous voulez savoir quels sont vos points faibles, jeûnez quelques jours ; si vous souffrez alors dans quelque organe, sachez que c'est de là que la maladie peut venir, et prenez des précautions.

A condition d'être pratiqué raisonnablement, le jeûne n'est pas dangereux et il ne peut vous faire aucun mal. La preuve, c'est que les malaises apparaissent surtout les deux premiers jours, et ensuite ils disparaissent. Si ces malaises provenaient du jeûne, ils devraient augmenter, alors qu'au contraire c'est la paix et la tranquillité qui vous envahissent. Personne n'est mort d'avoir jeûné quelques jours de temps en temps, mais des millions de gens sont morts pour avoir trop mangé!

Au début, jeûner peut sembler très pénible parce que l'organisme se trouve soudain bouleversé par ce nettoyage auquel il n'était pas habitué. Mais il ne faut pas juger d'après ces premiers effets pour dire qu'il est dangereux de jeûner. Au contraire, ce sont les personnes qui ressentent des malaises qui ont le plus besoin de jeûner, puisque ces troubles proviennent de la surabondance de déchets jetés soudain dans le sang par ce nettoyage. Beaucoup de gens qui ne se fient qu'aux apparences pensent qu'en jeûnant ils vont s'affaiblir, avoir mauvaise mine. Là aussi, c'est peut-être vrai au début, mais après quelques jours on se rétablit et on devient clair, léger et agréable à regarder.

Ceux qui veulent jeûner doivent comprendre autrement les choses. S'ils ressentent des malaises, ils ne doivent pas s'effrayer mais continuer jusqu'à ce qu'ils cessent. S'ils interrompent alors le jeûne, ils font comme tous ceux qui, dès qu'ils ont de la fièvre, commencent à prendre des cachets pour l'arrêter. Evidemment ils se sentent tout de suite mieux, mais ils ignorent qu'en arrêtant la fièvre de cette manière, ils se préparent quelque bonne maladie pour plus tard.

Laissez votre organisme réagir lui-même. Quand l'organisme est encombré, il réagit en essayant de rejeter et de dissoudre tous les déchets, c'est pourquoi la température monte. Il faut supporter cette température, c'est la preuve que le nettoyage se fait. Pour aider l'organisme dans son travail, vous pouvez boire de l'eau très chaude bouillie. Buvez-en successivement plusieurs grands bols et la température tombera très rapidement : tous les canaux se dilateront et le sang pourra facilement circuler en emportant les déchets vers les voies naturelles et les pores.

Il est aussi très bon de boire de l'eau chaude quand on jeûne. Vous la faites bouillir quelques minutes et vous laissez ensuite déposer le calcaire. Lorsque vous lavez de la vaisselle grasse à l'eau froide, vous avez remarqué que les assiettes ne sont pas du tout nettoyées. Il faut de l'eau chaude pour dissoudre les graisses. Il en est de même pour l'organisme : l'eau chaude dissout beaucoup d'éléments et de matières que l'eau froide laisse intacts ; elle les entraîne ensuite à l'extérieur par les pores, les reins, etc... et vous vous sentez purifié, rajeuni. Vous pouvez même boire de l'eau chaude tous les jours à jeûn. Comme l'eau chaude nettoie les canaux, elle est aussi un excellent remède contre l'artériosclérose et les rhumatismes.

Tout d'abord, il n'est pas très agréable de boire de l'eau chaude, mais peu à peu on en éprouve un tel bien-être que cela devient un véritable plaisir. L'eau chaude est le remède le plus naturel et le plus inoffensif, mais c'est peut-être parce qu'il est trop simple et trop bon marché que personne ne le prend au sérieux. Un de nos frères s'est guéri par l'eau chaude d'une maladie que son médecin n'était pas arrivé à guérir par d'autres remèdes. Quand il est allé le revoir, il lui a raconté comment il s'y était pris, et ce médecin, qui était un de ses amis, lui a avoué : «Oui, je sais les miracles que peut faire l'eau chaude dans de nombreux cas, mais vous ne voudriez tout de même pas que je fasse payer une consultation à un patient auquel je prescrirais uniquement de boire de l'eau chaude !»

Quand on jeûne, le corps physique se sent privé, bien sûr, mais le corps éthérique vient remédier à ces privations en apportant d'autres éléments plus purs, plus subtils. Le corps éthérique a pour rôle de veiller sur le corps physique et de recharger ses réservoirs d'énergies. Le jeûne donne donc une impulsion au corps éthérique qui se met à travailler : l'activité se transporte ailleurs, et pendant ce temps le corps physique se repose.

Evidemment, si on prolonge le jeûne trop long-temps, le corps éthérique est surchargé de travail alors que le corps physique ne fait plus rien, ce qui n'est pas bon non plus. Le corps physique et le corps éthérique sont deux associés, et si un seul des deux travaille, l'équilibre est rompu. Il faut donc répartir harmonieusement l'activité entre les deux.

Pour terminer je vous dirai quelques mots sur la façon dont on doit s'y prendre pour rompre un jeû-ne de plusieurs jours, car il faut savoir qu'on peut mourir si on recommence à manger tout de suite normalement. Le premier jour il est conseillé de ne prendre que quelques tasses de bouillon léger ; le lendemain vous pouvez prendre du potage avec des biscottes, et enfin le troisième jour vous pouvez recommencer à manger normalement, mais de la nourriture légère et en quantité modérée. De cette façon, vous ne courrez aucun danger.

Après un jeûne pareil, vous éprouvez des sensa-tions nouvelles, subtiles, vous avez des révélations et surtout vous vous sentez rajeuni, dégagé, comme si les matériaux qui encombraient l'organisme avaient disparu, comme si les déchets et les impu-retés étaient brûlés. Il y a des choses très intéres-santes à étudier à ce sujet, mais l'ignorance et la peur empêchent les humains de se régénérer par le jeûne comme beaucoup de spiritualistes et de mys-tiques avaient l'habitude de le faire dans le passé.

II

Jeûner, une autre façon de se nourrir

En réalité cette question du jeûne va beaucoup plus loin que vous ne l'imaginez. Ce qui attire des malheurs à l'homme, ce sont les impuretés de ses vies anciennes. Chaque péché, chaque faute a laissé en lui comme un déchet, et ses malheurs sont le résultat de tous ces déchets qui n'ont pas été rejetés. En jeûnant il se débarrasse de ces éléments nocifs, la lumière se fait et il se sent plus léger, plus heureux. Voilà pourquoi le jeûne a toujours été préconisé par les religions et les enseignements spirituels.

Jeûner, ce n'est pas renoncer, se priver, au contraire. Le jeûne sert avant tout à se nourrir. Lorsque vous privez le corps physique de nourriture, ce sont les autres corps (éthérique, astral, mental) qui commencent à se mettre au travail. Car en l'homme se trouve un principe qui se défend, qui ne veut pas mourir. Si le corps physique vient à manquer de nourriture, une alerte est donnée, et comme il y a dans l'organisme des entités qui veillent sur votre sécurité, à ce moment-là, d'une région plus haute, ces entités viennent vous procurer ce qui vous manque : vous commencez à absorber des éléments qui se trouvent dans l'atmosphère et vous vous sentez nourri. Et si à ce moment-là vous vous arrêtez de respirer quelques secondes, ce sont encore d'autres entités, plus haut, dans les plans astral et mental, qui vous apportent de la nourriture.

La tradition ésotérique rapporte que le premier homme se nourrissait de feu et de lumière. Mais quand il est descendu dans la matière, au fur et à mesure de l'involution, il a eu besoin d'aliments de plus en plus épais jusqu'à être obligé de se nourrir comme il le fait maintenant. C'est pourquoi les Initiés qui savent que la façon actuelle de se nourrir est un résultat de l'involution, tâchent de retourner vers l'état premier de l'humanité en apprenant à absorber des éléments toujours plus subtils. C'est comme s'ils rejetaient l'estomac, puis les poumons... C'est ainsi que leur pensée se libère. Mais c'est tout un entraînement long et difficile, et même dans l'Inde, très peu de yogis parviennent à une pareille maîtrise de leur respiration. Ceux qui y parviennent peuvent nager dans l'Akasha, dans l'éther cosmique, et ils possèdent la connaissance totale, car ils sont libres.

L'homme est donc descendu des régions célestes par un processus que l'on a appelé l'involution.

Au fur et à mesure de cette descente dans la matière, tandis qu'il s'éloignait du feu primordial pour entrer dans les régions froides de la périphérie, il s'est chargé de corps de plus en plus épais... jusqu'au corps physique. Exactement comme nous sommes obligés, l'hiver, de nous couvrir de toutes sortes de vêtements pour affronter le froid. Pour reprendre maintenant le chemin vers le haut, l'homme doit se dévêtir, symboliquement parlant, c'est-à-dire se débarrasser de tout ce qui l'alourdit. Et le jeûne justement est un moyen de retrouver cette légèreté, cette pureté primordiales.

Mais jeûner, ce n'est pas seulement s'abstenir de nourriture physique. Jeûner, c'est aussi renoncer à certains sentiments, à certaines pensées qui nous alourdissent. Au lieu de vouloir toujours absorber, avaler, accumuler, il faut apprendre à renoncer, à se dégager. C'est l'accumulation qui favorise la descente. Chaque pensée, sentiment ou désir qui n'est pas de nature spirituelle vient se coller à nous comme le givre sur les branches des arbres en hiver. Il faut que vienne le soleil du printemps pour que le givre fonde et que nous redevenions nous-mêmes. Au moment où nous aurons rejeté tout ce que nous avons accumulé en nous d'inutile, nous nous sentirons traversés, vivifiés par le souffle divin.

Celui qui veut tout entasser dans sa tête ou dans son cœur n'a plus de place en lui pour recevoir la visite du Seigneur et des anges. Mais maintenant, ne me comprenez pas de travers. Je ne dis pas que vous ne devez plus faire usage de l'estomac, des poumons, des intestins, non, car ce n'est pas en détruisant votre corps que vous comprendrez la vérité. Vous devez garder votre corps avec la tête, le cœur, les poumons, l'estomac... la question est seulement de travailler à créer l'harmonie entre eux. C'est cela le véritable sens du jeûne.

VIII

SUR LA COMMUNION

Une des pratiques essentielles de la religion chrétienne est la communion. Ce n'est pas Jésus qui l'a instituée, elle existait déjà depuis des siècles, puisque la Genèse raconte comment Melkhitsédek, sacrificateur du Très-Haut, vint à la rencontre d'Abraham en lui apportant le pain et le vin...

Mais communier ne doit pas se limiter à prendre de temps en temps une hostie bénie par un prêtre. En réalité chacun de nous doit être un prêtre, un sacrificateur, c'est une vocation qu'il a intérieurement devant l'Eternel ; chaque jour il doit se présenter pour officier devant ses cellules et leur donner le pain et le vin. Si vous êtes conscient de ce rôle, vos cellules recevront de vous la véritable communion, c'est-à-dire un élément sacré qui les aidera dans leur travail, et cette joie qu'elles éprouveront d'avoir bien travaillé, c'est vous aussi qui la ressentirez.

Pour comprendre le mystère de la Sainte Cène, il faut prendre la nutrition comme point de départ.

Bien sûr, la respiration et surtout les exercices spirituels comme la méditation, la contemplation,
l'identification sont chacun une forme de communion, mais pour bien comprendre la communion, il
faut commencer par comprendre la nutrition.
Méditer, contempler, tout le monde ne peut pas
avoir des conditions ou même des dons pour cela,
mais tous mangent, et chaque jour. On doit donc
commencer par comprendre la communion dans le
plan physique.

Communier, c'est faire un échange : vous
donnez une chose et vous en recevez une autre.
Vous direz qu'en mangeant vous ne faites que
prendre la nourriture. C'est une erreur, vous lui
donnez aussi quelque chose... Si vous ne le faites
pas, ce n'est pas une véritable communion. La
véritable communion est un échange divin. L'hostie vous apporte ses bénédictions, mais si vous la
prenez sans lui donner ni l'amour ni le respect
nécessaires, ce n'est pas une communion, c'est un
acte malhonnête. Quand on prend, on doit donner.
A l'hostie vous devez donner votre respect, votre
amour, votre foi, et elle, en échange, vous donne
les éléments divins qu'elle possède. Ceux qui prennent l'hostie sans cette attitude sacrée n'ont jamais
pu se transformer. Ce n'est pas l'objet lui-même
qui agit sur nous, mais la confiance et l'amour que
nous lui donnons.

Pour communier avec le Seigneur, vous devez aussi Lui donner l'amour, la reconnaissance, la fidélité. Non que le Seigneur ait besoin de ce que vous Lui donnerez, Il est tellement riche qu'Il peut s'en passer, mais c'est vous qui, en essayant de Lui donner quelque chose de votre cœur, de votre âme, arrivez à réveiller certains centres spirituels, et toutes les vertus divines coulent alors en vous en abondance.

Mais revenons à la nourriture. Même lorsque vous préparez votre repas, vous devez penser, en touchant les aliments, à les imprégner de votre amour... Parlez-leur, dites : «Vous qui portez la vie de Dieu, je vous aime, je vous apprécie, je sais la richesse que vous possédez. J'ai toute une famille à nourrir, des millions et des milliards d'habitants en moi, alors, soyez gentils, donnez-leur cette vie.» Si vous vous habituez à parler ainsi à la nourriture elle se transformera en vous en force et en lumière, car vous aurez su communier avec la nature elle-même. Vous commencerez aussi à comprendre que la véritable communion a un sens beaucoup plus large que celui que lui donne habituellement l'Eglise.

D'ailleurs, est-ce intelligent de penser qu'il faut attendre de recevoir une hostie pour communier vraiment avec le Seigneur? Et encore, aucune hostie n'a jamais réussi à transformer les êtres. On peut avaler des wagons d'hosties et rester le même, le même paresseux, le même voleur, le même débauché. Tout dépend de la conscience... Lorsque vous êtes conscient que Dieu a mis sa vie dans la nourriture, au moment où vous allez manger, vous êtes comme le prêtre qui bénit le pain et le vin, et chaque jour, à chaque repas, vous entrez en communication avec la vie divine.

Je suis le premier à comprendre et à respecter les choses sacrées, c'est pourquoi je vous invite à les pratiquer chaque jour. Car je sais qu'une époque vient où chacun deviendra lui-même un prêtre devant l'Eternel. Est prêtre celui qui comprend la création de Dieu, qui l'aime, qui la respecte. Qu'on l'ait ou non ordonné prêtre, il est un prêtre, c'est Dieu Lui-même qui l'a consacré. Dieu est au-dessus de tout, Il n'est à la disposition de personne, on ne peut pas Le prendre de force pour L'enfermer dans une hostie et Le distribuer comme on veut. D'ailleurs, pourquoi violenter le Seigneur quand depuis le commencement Il est Lui-même entré volontairement dans la nourriture? Il n'aime pas cette violence et souvent, quand on veut qu'Il soit là, Il n'y est pas.

En exagérant tellement l'importance de l'hostie, on a complètement négligé la question de la nourriture et oublié qu'elle aussi peut nous lier à Dieu. Alors, voilà, maintenant je vous ouvre les yeux et je vous dis que la nourriture est aussi sacrée que l'hostie, parce que c'est toute la nature, c'est Dieu Lui-même qui l'a préparée de sa propre quintessence, alors, qu'est-ce que la bénédiction d'un prêtre va vraiment lui apporter de plus?

L'Eglise a tellement déformé les humains qu'il n'y a plus moyen de leur faire comprendre maintenant les merveilles de ce que Dieu a créé. Ce qu'ils ont fabriqué, eux, oui, mais ce que Dieu a créé, ce n'est pas intéressant, ils sont au-dessus! Bien sûr, si vous posez la question aux prêtres, ils ne vous diront pas qu'ils se considèrent supérieurs à Dieu, mais dans la pratique, c'est exactement comme s'ils se mettaient au-dessus de Lui. Au lieu de dire: «Respectez la vie, mes enfants, car tout est sacré, chaque chose dans la nature est un talisman que Dieu a placé pour nous», eh non, c'est seulement leurs boutiques qui comptent: les hosties, les chapelets, les médailles, le reste ne compte pas.

Je ne rabaisse pas le rôle des prêtres, je ne rabaisse pas l'importance de la communion, je veux uniquement vous ouvrir des horizons nouveaux pour que vous voyiez que la communion est non seulement un acte important mais indispensable et que nous avons besoin de communier chaque jour. En communiant deux ou trois fois par an, que croyez-vous que vous pourrez changer en vous? Rien, vos cellules resteront les mêmes et vous resterez éternellement le même. Pour changer le corps

physique qui est tellement têtu, il faut travailler
chaque jour à cette transformation par la pensée, la
foi, l'amour, et un jour, enfin, cette carcasse commencera à vibrer !

Tous les rites qui ont été institués par l'Eglise
ne doivent pas cacher la vraie religion. Souvent on
prend les petites lunettes d'une religion, d'une philosophie, d'une chapelle, et tout le reste est laissé
dans l'ombre. A quoi cela sert-il d'appartenir à une
religion, si cette religion doit cacher la splendeur de
ce que Dieu a créé et ôter aux humains les véritables possibilités de retourner vers Lui ?

IX

LE SENS DE LA BÉNÉDICTION

A l'heure actuelle la plupart des aliments sont empoisonnés par toutes sortes de produits chimiques, on ne trouve plus rien de pur ni de frais ; les fruits, les légumes sont cultivés avec des engrais nocifs et les poissons sont pêchés dans des rivières ou des mers polluées... Bientôt on ne pourra plus vivre sur la terre. Pourvu qu'ils fassent des affaires et gagnent de l'argent, la plupart des gens se moquent bien que les autres puissent mourir empoisonnés !

Cependant, il dépend beaucoup de nous que la nourriture soit acceptée par notre organisme, et les prières, les bénédictions avant les repas servent justement à l'influencer favorablement et à la préparer à être bien assimilée. Ces formules, ces prières ne peuvent pas lui ajouter la moindre parcelle de vie, car Dieu a déjà mis la vie dans la nourriture par l'intermédiaire de ses serviteurs : le soleil, le vent, les étoiles, la terre, l'eau. S'il était possible d'introduire la vie divine par une simple bénédiction humaine, pourquoi ne bénirait-on pas des morceaux de bois, de pierre, de métal pour les manger? En bénissant une pierre, un morceau de bois ou de métal, on introduit en eux une sorte de vie, bien sûr, mais cette vie ne peut pas nourrir les humains; elle peut avoir une autre utilité, mais elle ne peut servir à les nourrir.

«Alors, pensez-vous, bénir la nourriture ne sert à rien?» Si, je vous l'ai dit, les paroles et les gestes de bénédiction enveloppent la nourriture d'émanations et de fluides qui la préparent à entrer en harmonie avec ceux qui doivent la consommer; il se crée ainsi dans leurs corps subtils une adaptation qui leur permet de mieux recevoir la richesse contenue dans cette nourriture.

Cette question de la bénédiction de la nourriture n'est pas bien comprise, et les prêtres eux-mêmes ne savent pas pourquoi ils doivent bénir le vin et les hosties... Ceux qui dans le passé avaient instauré ces pratiques étaient conscients de leur signification magique, mais maintenant cette signification est perdue. La bénédiction a pour fonction d'apprivoiser la nourriture. Car il faut comprendre que la nourriture possède sa vie propre, et que ses vibrations ne sont donc pas toujours accordées aux nôtres. Aussi devons-nous la magnétiser, lui donner quelques particules de notre être pour changer le mouvement de ses particules et la rendre amie. C'est alors qu'elle va s'ouvrir et déverser en nous toutes les richesses qu'elle contient.

Quand deux personnes se rencontrent, leurs vibrations sont tellement différentes qu'il ne leur est pas toujours facile de s'harmoniser pour se comprendre. Mais le temps passe, il se fait des échanges entre elles, une sorte d'osmose, et elles commencent à vibrer à l'unisson. C'est ce qui se passe aussi avec la nourriture ; si vous la mangez sans une préparation intérieure préalable, elle restera une matière étrangère et n'agira pas de la même façon que si vous avez essayé d'entrer en relation avec elle. Avant de manger un fruit, vous m'avez vu souvent le tenir un moment dans la main : je transforme ainsi le corps éthérique du fruit en lui demandant de s'ouvrir envers moi.

On peut sourire aux aliments comme à un animal qu'on veut apprivoiser. Les animaux, les plantes, les êtres ont besoin de sentir l'amour pour s'apprivoiser. Il en est ainsi de la nourriture... et même des médicaments. Pour qu'un médicament soit vraiment accepté par votre organisme et agisse efficacement sur lui, vous devez travailler sur sa matière éthérique. Même une pierre dans votre main peut vibrer amicalement ou non envers vous. Si vous savez comment vous la rendre favorable, elle peut vous protéger, vous guérir. On retrouve cette loi dans tous les domaines de l'existence. Regardez ce qui se passe aussi avec les garçons et

les filles : tout d'abord ils sont étrangers l'un à
l'autre ; la fille se tient là, sur sa chaise, droite, hon-
nête, intègre, c'est formidable. Mais le garçon lui
offre à boire, met un disque de musique sentimen-
tale, et elle s'apprivoise, elle accepte, elle devient
«amie».

Lorsque vous devez mettre des chaussures pour
la première fois, vous vous sentez serré, gêné, vous
les trouvez raides, dures, puis, peu à peu, elles
deviennent plus souples, elles s'habituent à vous,
pour ainsi dire. Et quand vous vous installez dans
une nouvelle chambre ou une nouvelle maison, au
début vous êtes dépaysé, l'endroit vous est étran-
ger. Mais après quelque temps, vous vous sentez
chez vous et vous êtes heureux de vous y retrouver
parce que cet endroit vibre avec la vie que vous
menez.

Et pour la nourriture, c'est curieux, personne
ne trouve qu'il y a quelque chose à faire. Pourtant,
avant d'arriver sur votre table, elle a traîné dans
toutes sortes d'endroits, elle a été manipulée,
empaquetée, transportée, elle n'a donc aucun lien
avec vous, elle vous est étrangère. Mais prenez un
fruit, tenez-le avec respect, regardez-le avec
amour : il devient votre ami, il vibre autrement.
C'est comme une fleur qui s'ouvre et qui vous
donne son parfum. Le secret pour que la nourriture
s'ouvre, c'est de la chauffer, et la chaleur, c'est
l'amour. C'est pourquoi, si vous n'aimez pas tel ou

tel aliment, n'en mangez pas, car il devient alors un ennemi dans votre organisme. Ne mangez jamais ce que vous n'aimez pas !

Essayez maintenant de faire cet exercice : avant de manger un fruit, prenez-le dans la main, parlez-lui gentiment, au moins par la pensée ; et ainsi, quelque chose dans ce fruit va se transformer : il sera beaucoup mieux disposé envers vous, et quand vous le mangerez il commencera à travailler pour vous.

Apprenez à réveiller toutes les puissances qui sont endormies en vous par des siècles d'inertie et de stagnation. Concentrez-vous, méditez, priez, faites des exercices. Ayez toujours le désir d'ajouter quelque chose de plus à votre existence, quelque chose de plus pur et de plus subtil.

X

LE TRAVAIL DE L'ESPRIT SUR LA MATIÈRE

I

L'énergie solaire est condensée dans les fruits et les légumes qui nous servent d'aliments. Il faut donc savoir extraire cette énergie et l'envoyer dans tous les centres en nous qui en assureront la distribution. Mais cela n'est possible que par un travail de la pensée. Seule la pensée consciente concentrée sur la nourriture est capable de l'ouvrir pour en libérer l'énergie emprisonnée. En réalité il s'agit là d'un processus identique à celui que l'on observe dans une centrale nucléaire. Si on savait vraiment manger, quelques bouchées à peine pourraient suffire... on retirerait assez d'énergies pour remuer tout l'univers.

Ce processus de fission ne se produit d'ailleurs pas seulement dans l'estomac, mais encore dans les poumons et dans le cerveau. Vous direz : «Dans le cerveau?» Oui, dans ses méditations, dans ses extases, un Initié envoie sans arrêt à travers l'espace des ondes, des courants, des flammes. D'où puise-t-il cette énergie? De son cerveau. Et pourtant si on le pèse, sa masse est restée identique. Il se produit dans le cerveau la désintégration de quelques particules de matière et c'est de cette désintégration que provient l'énergie psychique qui va travailler dans le monde entier.

La science contemporaine a découvert la fission de l'atome; ce sont là des processus que les Initiés connaissent depuis des millénaires, seulement ils ne les révélaient pas car ils en voyaient le danger; ils savaient que l'homme, n'étant pas encore maître de ses instincts, utiliserait ses découvertes pour tout anéantir, et c'est ce qui est d'ailleurs en train de se produire. Mais dans l'avenir, quand les humains, plus évolués, auront accès aux grands mystères de la nature, ils sauront puiser des énergies dans l'océan, dans l'air, dans les minéraux, les arbres, etc... et ils seront capables de réalisations prodigieuses.

Pour le moment, comprenez au moins quelles énergies vous pouvez retirer des aliments en faisant participer la pensée aux processus de la nutrition. La nutrition est une guerre entre l'organisme humain et les aliments qui sont destinés à devenir une matière assimilable, et ce qui n'est pas assimilable est rejeté. Pour être convenablement absorbée, la nourriture doit être déchirée, détruite, car l'organisme est obligé de détruire pour pouvoir construire. Cela se fait automatiquement, en dehors de notre conscience, mais par la pensée nous pouvons aussi agir sur la nourriture pour l'ouvrir et puiser en elle toutes les énergies qui nous permettront d'entreprendre avec plus de facilité nos tâches matérielles et notre travail spirituel.

II

L'homme mange, toutes les créatures mangent,
mais pourquoi? Si vous posez la question à quelqu'un, il vous dira qu'il mange pour avoir des
forces. Oui, mais n'y a-t-il pas une autre raison?
Tout ce que nous faisons n'a pas qu'une seule raison, qu'un seul but, et si nous mangeons, ce n'est
pas seulement pour nous maintenir en vie.

Prenons l'exemple des vers : ils avalent la terre
et la rejettent ensuite; en la faisant ainsi passer à
travers eux, ils la travaillent, ils lui ajoutent un élément qui la rend plus fertile. Avec la nourriture
l'homme fait de même. Etant donné qu'il est un
être doué de vie, de sentiment et de pensée, il
appartient à un degré d'évolution bien supérieur à
celui de la matière qu'il absorbe, c'est pourquoi en
passant à travers lui, la matière est transformée,
animée, affinée, spiritualisée.

Tous les êtres se nourrissent : les plantes, les
animaux, les hommes... et en se nourrissant, ils
font évoluer la matière, ils lui donnent des élé-

ments qu'elle ne possédait pas... comme si c'était un devoir pour chaque règne de la nature de se nourrir des règnes inférieurs afin de les faire évoluer. Au-dessus de nous, certains êtres plus avancés s'occupent aussi de nous digérer pour nous transformer. Oui, sous une autre forme, c'est exactement ce qui se passe. Toute la vie est un échange ininterrompu entre le monde inorganique et le monde organique, entre le monde matériel et le monde spirituel.

On retrouve ces échanges partout dans le monde. Pourquoi les gens intelligents veulent-ils s'occuper des ignorants pour les instruire ? Pourquoi ceux qui sont bons, généreux, vertueux, s'occupent-ils des délinquants et des criminels ? Et les forts qui aident les faibles... les riches qui aident les pauvres... Pour qu'il y ait une évolution, il est nécessaire que des échanges se fassent entre les deux pôles contraires. Et c'est aussi la raison pour laquelle on mange. L'Intelligence cosmique aurait sans doute pu trouver d'autres moyens, mais c'est celui-là qu'elle a choisi : elle a décidé que, pour évoluer, chaque créature devrait être absorbée par les créatures du règne qui lui est supérieur.

Je vous ai donné l'exemple des vers : quand ils rejettent la terre qu'ils ont absorbée, elle est déjà plus élaborée, elle est imprégnée d'un élément plus vivant que les vers lui ont communiqué. Et si les vers ont reçu cette tâche de faire passer à travers eux toute la terre pour l'améliorer, pourquoi pas les humains? Donc, vous voyez, les humains et les vers sont des collaborateurs! Ils ont la même tâche, bien qu'ils s'ignorent. Ils ont signé des contrats en haut, avant de descendre, les vers sous une forme et les humains sous une autre, en s'engageant à travailler sur la matière pour la vivifier. Signer des contrats... cela vous fait rire... Eh bien, riez, tant mieux, cela vous fera du bien.

D'ailleurs, quand la matière que l'homme possède, quand les particules de son corps s'en vont après la mort rejoindre les quatre éléments: la terre, l'eau, l'air, le feu, elles sont plus intelligentes, plus vivantes, plus expressives, et elles vont servir pour d'autres formes, d'autres créations d'une qualité supérieure. Mais si ces particules sont aviliés à cause de l'existence animale ou criminelle que l'homme a menée, elles ne seront utilisées que pour des créations grossières. Regardez jusqu'où va la responsabilité humaine.

Oui, l'homme est responsable pour ce qu'il laisse de lui après son départ, pour toutes les particules de son corps qu'il a imprégnées de lumière, d'amour, de bonté, de pureté, ou, au contraire, de vibrations criminelles; il continue à être responsable, même après sa mort. Evidemment sur la terre, c'est différent: même s'il a commis des crimes ou laissé des dettes, une fois mort on ne peut plus le poursuivre, car où le trouver pour le punir? Sur la terre, la mort arrange beaucoup de choses, mais de l'autre côté la mort n'arrange rien et l'homme continue à être poursuivi pour tout ce qu'il a laissé de mauvais : des pensées, des sentiments, des actes... Voilà des vérités que la plupart ignorent ; ils ne savent pas jusqu'où va leur responsabilité. Pourtant la conscience de la responsabilité est la plus haute conscience qui existe.

Manger, boire, respirer, travailler, sont autant d'activités par lesquelles nous transformons la matière pour essayer de lui donner ce que nous possédons, c'est-à-dire plus de vie, plus d'amour, plus d'intelligence. Les plantes se nourrissent des minéraux, les animaux se nourrissent des plantes, les humains des animaux. Et qui mange les humains ? Voilà une question qu'on ne s'est pas posée...

En réalité, deux sortes de créatures se nourrissent des humains. Regardez : parmi les humains les uns mangent la chair des animaux et les autres se contentent de leurs produits : les œufs, le lait... Les entités du monde invisible ne viennent pas manger la chair des humains, mais leurs émanations, leurs pensées, leurs sentiments, et selon qu'ils ont de bonnes ou de mauvaises pensées, de bons ou de mauvais sentiments, les hommes offrent de la nourriture aux Anges ou aux esprits inférieurs. Evidemment, il faut comprendre sous quelle forme cela se fait... Et les Anges, eux-mêmes, servent de nourriture aux Archanges, les Archanges aux Principautés... ainsi de suite, jusqu'aux Séraphins dont les émanations nourrissent le Seigneur.

De tout temps les Initiés, qui possédaient une science qu'ils ne pouvaient enseigner à la foule, se sont servis d'images qu'il faut savoir interpréter. Il est dit dans la Bible que le Seigneur se délecte de l'odeur des holocaustes. Vous pensez si les narines du Seigneur peuvent vraiment prendre plaisir à renifler les odeurs de graisse d'animaux rôtis!... C'était une image pour montrer que les émanations spirituelles des êtres (les holocaustes étaient offerts à Dieu en sacrifice) peuvent servir de nourriture aux entités supérieures, jusqu'au Seigneur...

Car Dieu aussi se nourrit. Puisque nous sommes créés à son image et que nous mangeons, c'est que Dieu aussi doit manger. Evidemment cela ne se passe pas comme pour nous, avec une bouche, des dents, un estomac, des intestins – on ne peut même pas avoir une idée de la façon dont le Seigneur se nourrit, tellement en Lui tout est pur et sublime – mais Il se nourrit. Sinon, pourquoi avoir écrit des imbécillités dans la Bible – que Dieu humait avec délice l'odeur des victimes – s'il n'y avait derrière ces paroles une vérité plus profonde?

La tâche de l'homme est de faire passer la matière à travers son corps pour l'animer. Et c'est pourquoi il mange. Avez-vous calculé tout ce qu'un homme mange pendant son existence?... Et comme depuis des millions d'années l'humanité entière fait la même chose, cela produit sans arrêt des changements partout, la terre n'est donc plus la même. D'autant plus qu'il y a certaines personnes très généreuses, très consciencieuses, qui remplissent leur tâche avec tellement d'ardeur qu'elles font cinq ou six fois par jour des repas plantureux pour contribuer à la transformation de la matière. Voilà des gens que l'on doit soutenir et récompenser! Mais oui, regardez, ils font un travail magnifique : combien de cochons, de dindes, de poules et de lapins disparaissent chaque jour grâce à eux! C'est qu'ils veulent améliorer la création, on ne doit jamais oublier cela! Tandis que ces petits végétariens, là, qui grignotent quelques salades, ils ne méritent pas qu'on leur dresse un piédestal : ils ne transforment pas aussi abondamment la matière que tous ces ogres et ces ogresses!...

En réalité, la question n'est pas seulement de faire passer la matière à travers son estomac, mais aussi à travers ses poumons, son cœur, son cerveau... La vie que nous recevons ne reste pas en nous, elle s'en va, elle coule, et c'est sans cesse une autre vie que nous recevons, toujours nouvelle, toujours fraîche. Ce n'est donc pas seulement en mangeant que nous pouvons améliorer la matière, mais par toutes nos actions : en regardant, en marchant, en travaillant... Oui, voilà jusqu'où doit aller la compréhension de la nutrition. Pour être utile à toute la création, pour apporter, nous aussi, au monde entier un élément divin, nous devons apprendre à vivre une vie parfaite, afin de tout imprégner lumineusement autour de nous. Et en ayant cet idéal de tout rendre plus vivant, plus lumineux, plus beau, c'est nous-mêmes qui nous transformons, car toute une mobilisation se fait alors en nous et des collaborateurs du monde invisible apparaissent pour nous aider.

XI

LA LOI DES ÉCHANGES

I

Il est étonnant de voir que les humains, qui ont la prétention de sonder les mystères de la création, négligent de se pencher sur des processus aussi importants que la nutrition, dans lesquels Dieu a mis toute sa sagesse et son amour. Si l'on étudie les lois de la nutrition on constate qu'on les retrouve partout dans l'univers, puisque ce sont ces lois qui régissent les échanges entre le soleil et les planètes, et qu'elles sont valables pour tous les domaines, et en particulier celui de l'amour. Oui, même les lois de la conception, de la gestation sont identiques à celles de la nutrition.

Dans tout ce que nous mangeons, le poisson, les fruits, les légumes, ou même le fromage, il y a quelque chose à enlever : une arête, une peau, une croûte... Et s'il n'y a rien à enlever, il faut au moins essuyer ou laver la nourriture. Donc, avant de manger, on doit prendre des précautions afin de ne pas se blesser le palais, se casser les dents ou abîmer son estomac. Alors, pourquoi ne fait-on pas la même chose dans la vie? Avant de se lier à quelqu'un, avant de l'accepter dans son cœur, dans son âme, pourquoi s'imaginer qu'il est déjà prêt à être absorbé et digéré? Vous direz: «Mais c'est l'amour!» Oui, je comprends, c'est l'amour, mais cet amour-là est aveugle, ce n'est pas le véritable amour. Le véritable amour est éclairé, il n'est pas en contradiction avec la sagesse.

Les gens se lient, s'embrassent, font des échanges, sans se préparer, ni se laver, ni se débarrasser des saletés qu'ils ont ramassées dans leur cœur et dans leur âme en passant par les cheminées de la vie. Un Initié agit différemment: quand il voit une personne se présenter devant lui, il la considère comme un «fruit succulent», bien sûr, mais un fruit qu'il devra laver ou peler avant de le «manger».

Voilà la différence qui existe entre les Initiés et les hommes ordinaires sans lumière, sans sagesse, sans connaissances: la façon dont ils font des échanges et des associations. Les gens ordinaires sont comme les chats qui avalent les souris avec la peau et les intestins, et après ils se plaignent, ils poussent des cris: «Ah, que je suis malheureux avec ma femme!» Ou bien: «Ah, sur quel mari je suis tombée!» Mais pourquoi ont-ils la mentalité du chat? Pourquoi se sont-ils dépêchés de manger cette femme ou cet homme, c'est-à-dire, pourquoi l'ont-ils fréquenté, pourquoi ont-ils accepté sans réfléchir ses sentiments, ses pensées, sa respiration, son aura ?

Maintenant, analysez-vous et révisez votre existence... Vous constaterez que jusqu'ici vous ne vous étiez arrêtés que sur des détails extérieurs, sans approfondir pour voir quels étaient les désirs, les sentiments, les pensées ou l'idéal des créatures auxquelles vous vouliez vous lier. Les Initiés, eux, sont très difficiles, et ils ont raison ; ils ont compris la leçon que la nature nous donne chaque jour par le moyen de la nutrition, ils savent que l'on doit agir de la même façon dans la vie psychique. Chaque jour on sait qu'il faut éplucher, nettoyer, éliminer, mais dans le domaine psychique on n'a pas encore compris la leçon que la nature nous donne. Regardez, même une mère qui adore son enfant et qui fera tout pour lui, s'il vient l'embrasser après avoir joué dans la boue, elle l'envoie d'abord se laver, et ensuite elle l'embrasse. Pourquoi ne l'embrasse-t-elle pas tout de suite, puisqu'elle l'aime ?... Le grand Livre de la Nature vivante est étalé devant vous, mais il est ouvert pour les sages et il est fermé pour les autres...

Vous prenez vos repas trois fois par jour, vous triez la nourriture avant de la manger, mais vous liez votre existence à celle du premier venu, sans le connaître, au risque d'être empoisonné toute votre vie. Il n'y a que le Seigneur que vous devez aimer avant de Le connaître. Tandis que les humains, il faut les connaître avant de les aimer, c'est-à-dire avant de les «manger», de les inviter dans votre sanctuaire. Si on n'aime pas Dieu tout d'abord, on ne Le connaîtra jamais. Et pour un grand Maître, c'est la même loi : vous ne le connaîtrez jamais et il restera fermé pour vous si vous ne commencez pas par l'aimer.

Evidemment, la question maintenant est de savoir comment l'aimer. La plupart aiment un Maître comme un lac dans lequel on va se laver en laissant toutes ses saletés. Ils ne pensent pas que d'autres viendront boire dans ce lac... et alors, que boiront-ils ? La plupart de ceux qui viennent pour avoir un entretien avec un Maître déversent sur lui tout ce qu'ils ont ramassé de malpropre pendant leur existence, et c'est le Maître qui doit ensuite se laver pour rejeter ces impuretés ou bien les transformer, ce qui est pour lui un surcroît de travail ! Donc, si même un Maître est obligé de se nettoyer, combien plus les autres hommes ! Ah, mais eux n'ont pas besoin de se nettoyer... ils ont fréquenté tous les diables, et ils ne s'aperçoivent même pas qu'ils sont couverts d'éclaboussures.

Mais laissons ce sujet de côté et revenons à la leçon que nous pouvons tirer tous les jours de la nutrition. Chaque être est comme un fruit ou un autre aliment dont il ne faut garder que la partie digeste et savoureuse. Dieu a placé une étincelle dans chaque être, et c'est seulement avec cette étincelle que vous devez chercher à entrer en contact. Si vous ne vous contentez pas de regarder seulement le côté extérieur, vous pouvez même trouver cette étincelle dans les animaux, les plantes, les pierres. Toutes les créatures possèdent cette étincelle ensevelie, même les criminels, et si vous savez comment l'éveiller, la ranimer en eux, vous pouvez vous adresser à elle, communier avec elle.

Un Initié ne veut pas avoir de relations avec la nature inférieure des humains, leur personnalité. Il sait que dans les caves d'une maison on trouve des rats, des moisissures, et il vaut mieux monter aux étages supérieurs. Contrairement aux gens ordinaires qui ne s'intéressent qu'aux défauts des autres et se réunissent même pour en parler, chez tous les êtres qu'il rencontre, un Initié cherche l'étincelle divine enfouie pour la lier au Père Céleste, à la Mère Divine... Il fait ainsi un travail sur eux, et un jour la lumière vient visiter ces êtres. Voilà comment un Initié travaille sur ses disciples : il s'occupe de cette étincelle divine qui commence à s'éveiller et c'est pourquoi le disciple aime son Maître, parce qu'un Maître s'adresse à ce qu'il y a de meilleur en lui.

Et vous aussi, quand vous rencontrez un être humain, pensez à découvrir cette étincelle cachée en lui, son Moi supérieur, pour l'aider à faire un lien avec le Seigneur. Voilà la forme d'amour la

plus évoluée, la plus haute : savoir se lier seulement à l'étincelle divine dans chaque créature pour
l'alimenter, la renforcer. Là, vous n'avez pas à
vous méfier, ni à perdre du temps pour l'étudier
avant de l'aimer, parce que cette étincelle est
pure... S'il s'agit de la personnalité, il vaut mieux la
connaître avant de l'accepter, mais acceptez tout
de suite l'étincelle divine qui brille dans chaque
être.

Les hommes et les femmes peuvent être comparés à des fruits, je vous l'ai dit... Quand vous avez des relations avec eux, que vous les regardez, leur parlez, les écoutez, c'est comme si vous étiez en train de les goûter. Or, que faites-vous la plupart du temps? Vous regardez leurs vêtements, leurs bijoux, leur visage, vous ne cherchez pas plus loin la vie qui est là, cachée, l'esprit, l'âme. Pourtant, c'est elle qui devrait vous intéresser. Eh non, on s'arrête sur le côté extérieur et on dit: «Ah, cette jeune fille, si je pouvais coucher avec elle!» et on prend des photos... Mais qu'est-ce qu'on a vu? Dans le désir de se satisfaire, de s'amuser, on a vu seulement l'apparence extérieure: ses jambes, sa poitrine, son petit nez gentiment retroussé.

Un Initié veut se nourrir, lui aussi, mais il cherche la vie divine. Et quand il trouve des fruits ou des fleurs, c'est-à-dire des êtres humains qui portent cette vie en eux, il ne se jette pas dessus pour les dévorer, il se contente d'admirer leurs couleurs, leurs formes, de respirer leur parfum, leurs émanations, et il part heureux, parce que ces fruits et ces fleurs lui ont permis de s'approcher du Ciel.

Si vous arrivez à comprendre la nutrition, vous pourrez résoudre tous les problèmes, y compris le problème sexuel. Oui, tous ceux qui ont décidé de ne plus se nourrir dans ce domaine, c'est-à-dire qui fuient les hommes ou les femmes sous prétexte d'être chastes et purs, meurent spirituellement, et même quelquefois physiquement. La question est donc de «manger», mais il faut savoir quoi manger et comment manger.

Le secret, c'est d'apprendre à se nourrir avec des doses homéopathiques, c'est-à-dire en regardant, en écoutant, en respirant. On ne doit pas cesser de se nourrir sous prétexte de devenir un saint et de connaître le Seigneur, car à ce moment-là on ne connaît ni le Seigneur ni rien du tout, et même la vie s'en va, on est là, sans élan, sans inspiration, sans joie. La sainteté est une nutrition, mes chers frères et sœurs, voilà ce qu'ont compris les Initiés; mais au lieu d'absorber une nourriture lourde, pesante, impure, ils mangent tout ce qui est divin. Dans le domaine de la sexualité, les humains vont toujours dans les extrêmes : ou ils se laissent mourir de faim, ou ils se jettent éperdument à manger jusqu'à l'indigestion.

La solution, vous la trouverez quand vous commencerez à étudier la nutrition et les différentes façons de se nourrir dans tous les plans. Vous comprendrez qu'on ne peut pas vivre sans manger, et que même les anges, même le Seigneur sont obligés de manger. Le Seigneur se nourrit des quintessences les plus subtiles des arbres qu'Il a plantés : ses créatures. Le Seigneur se nourrit, oui, et Il se porte bien, ça, je vous assure ! Il se porte bien, parce qu'Il sait manger comme il faut, Il n'absorbe aucune impureté ; tout ce qui est impur, Il le laisse à d'autres pour qu'ils le transforment avant de le Lui apporter.

Vous vous demandez comment on peut voir si quelqu'un s'alimente bien ou non... Et comment voyez-vous si un homme est un clochard qui cherche sa nourriture dans les poubelles, ou un prince dont la table est chaque jour couverte des plats les plus succulents ?... Il en est de même dans le plan spirituel. Les Initiés ont une autre allure que les hommes ordinaires, parce qu'ils sont bien «alimentés», tandis que les autres mangent n'importe quoi.

Pour moi, il y a un critère : quand je vois quelqu'un qui n'a aucune lumière sur le visage, je sais qu'il est sous-alimenté. Vous direz : «Oui, mais il va à l'église, il donne de l'argent aux pauvres, il baisse les yeux quand il rencontre une femme...» C'est possible, mais je vois qu'intérieurement il mange une nourriture faisandée. Tandis que si je rencontre un être rayonnant, quoi qu'on me dise à son sujet, je pense : «Celui-là, il a un secret et je veux apprendre ce secret, car c'est une source qui jaillit!» Quelqu'un dira : «Mais je l'ai vu regarder des femmes sur la plage!» Cela n'a aucune importance, ce qui est important, c'est ce qu'il cherche et ce qu'il voit, lui.

Si un homme s'élève vers la Divinité en s'émerveillant de la beauté des femmes, pourquoi voulez-vous l'en empêcher? «Mais un homme pur, un saint, ne fait jamais cela, il faut s'en tenir aux anciennes règles! – Ah bon, mais alors, vous, avec toute votre pureté et votre sainteté, pourquoi êtes-vous faible, terne, sans élan ni inspiration? Comment se fait-il que votre sainteté ne vous ait rien apporté? Et comment se fait-il que ses prétendus dévergondages lui aient apporté, à lui, le Ciel et la lumière?» Donc, il y a là aussi quelque chose à étudier. Vous voyez que les gens ne savent ni penser ni raisonner.

Les échanges sont la base de la vie : échanges avec la nourriture, l'eau, l'air, les êtres humains, mais aussi avec toutes les créatures de l'univers, avec les anges, avec Dieu. Les échanges, ce n'est pas seulement se nourrir, manger, boire. Ou alors, si, c'est manger et boire, mais dans tous les domaines, pas seulement dans le plan physique. Donc, quand je dis que la nutrition doit être à la première place, je parle de la nutrition dans tous les plans, des échanges que nous devons faire avec les différentes régions de l'univers pour tout alimenter en nous depuis notre corps physique jusqu'à nos corps les plus subtils. Si j'insiste souvent sur la nécessité de se purifier aussi bien physiquement que psychiquement, c'est que la pureté rétablit les communications, et une fois les communications rétablies nous pouvons recevoir les courants d'énergies lumineuses qui circulent dans l'univers.

La prière, la méditation, la contemplation, les extases sont aussi une nutrition, la meilleure, la plus sublime, car vous goûtez là une nourriture céleste, l'ambroisie. Toutes les religions parlent d'un breuvage d'immortalité que les alchimistes, eux, ont appelé l'élixir de la vie immortelle. Et c'est vrai que l'on peut trouver cet élixir dans le plan physique, mais à condition de l'y chercher dans les régions les plus élevées, les plus pures.

Lorsque nous allons contempler le lever du soleil, c'est justement pour boire cette ambroisie que le soleil distribue partout et dont les rochers, les plantes, les animaux, les humains, toute la création, recueillent des particules. D'ailleurs, les plantes sont plus intelligentes que les humains : chaque jour, elles se lient au soleil pour pouvoir donner des fruits. Tandis que les humains dormiront jusqu'à midi, ou bien ils iront voir le coucher du soleil. Au lieu de regarder ce qui monte, ce qui grandit et s'épanouit, ils préfèrent regarder ce qui descend, ce qui tombe, meurt et s'efface. Et comme il existe une loi d'après laquelle on finit par ressembler à ce que l'on regarde, à ce que l'on aime, alors, eux aussi, intérieurement, commencent à s'affaiblir, à sombrer.

Le sens de la vie est caché dans la nutrition ; vous le découvrirez si vous vous occupez de n'introduire en vous que des particules pures, lumineuses, des quintessences célestes, éternelles. Ces particules, vous les trouverez dans le soleil. C'est pourquoi, chaque matin, concentrez-vous sur le soleil et tâchez de respirer, d'absorber ces quintessences qu'il propage. Vous verrez comment votre santé va s'améliorer, votre intelligence s'éclaircir, votre cœur se réjouir et votre volonté se fortifier.

Vous direz que depuis des années vous allez au lever du soleil et que vous n'avez encore rien senti... C'est parce que vous ne savez pas comment le regarder. C'est la façon dont vous faites les choses, l'intensité de votre amour, de votre pensée qui donne des résultats, et non le temps que vous y mettez. Si aujourd'hui vous vous sentez tellement vivifiés, comblés, c'est tout simplement parce que vous avez puisé quelques gorgées de cette source inépuisable qu'est le soleil. Est-ce tellement difficile à comprendre ?

Le soleil est une nourriture, mes chers frères et sœurs, ne l'oubliez jamais, et la meilleure des nourritures. Pourquoi se limiter aux éléments de la terre, de l'eau et de l'air? Il faut apprendre à se nourrir avec le feu, avec la lumière. Et c'est ce que nous faisons au lever du soleil. Quand Zoroastre demanda à Ahura Mazda de quoi se nourrissait le premier homme, Ahura Mazda lui répondit : «Il mangeait du feu et il buvait de la lumière.» C'est-à-dire les rayons et la vie du soleil grâce auxquels on peut comprendre tous les mystères de l'univers.

III

Et maintenant, si je vous dis que les lois de la nutrition sont identiques à celles de la conception, là encore vous serez étonnés, car vous ne voyez entre les deux aucune correspondance. En réalité, la correspondance existe : dès l'instant où vous mangez, vous créez les conditions pour la naissance de pensées, de sentiments, d'actes. Si vous ne mangez pas, que pourrez-vous faire ? De même que l'état du père et de la mère pendant la conception détermine le destin de l'enfant qui va naître, de même l'état dans lequel vous mangez va déterminer la nature de votre activité physique et psychique... A chaque bouchée que vous prenez il se produit une conception. Alors, dans quel état êtes-vous au moment où vous réalisez cette conception ?

La nourriture est le germe vivant qui doit produire un enfant, c'est-à-dire des pensées, des sentiments, des actes. Quelles forces sortiront de cette union ? Ces enfants seront-ils malformés, chétifs, faibles, à cause de l'ignorance du père et de la mère ? Le père, c'est vous, puisque vous donnez la nourriture ; la mère, c'est votre corps physique. Si le père et la mère ne sont pas attentifs, intelligents, raisonnables, les résultats seront catastrophiques.

Quand vous avez mangé dans un état de trouble, de colère ou de mécontentement, et qu'ensuite vous allez au travail, vous sentez en vous une fébrilité, des vibrations désordonnées qui se transmettent à tout ce que vous faites. Même si vous essayez de donner une impression de calme, de maîtrise, il se dégage de vous quelque chose d'agité et de tendu. Tandis que si vous avez mangé dans un état harmonieux, cet état va se maintenir : même si toute la journée vous êtes obligé de courir à droite et à gauche, vous sentez en vous une paix que votre activité ne peut pas détruire.

Ne vous mettez donc pas à table avec des soucis, laissez-les de côté, vous les reprendrez ensuite si vous y tenez vraiment, et parce que vous aurez mangé dans un bon état, vous résoudrez plus facilement vos problèmes. Je le répète, les repas sont l'occasion des meilleurs exercices spirituels. Donc, commencez d'abord par chasser de votre esprit tout ce qui peut vous empêcher de manger dans des conditions de paix et d'harmonie. Et si vous n'y arrivez pas tout de suite, attendez le moment où vous aurez réussi à vous calmer ; sinon vous allez empoisonner la nourriture, et ensuite vous serez dans un état chaotique, conséquence de votre façon défectueuse de manger.

Mais comment faire comprendre aux humains l'importance de l'état dans lequel ils prennent leurs repas, quand certains couples, même au moment où ils créent un enfant – acte tellement plus lourd de conséquences – sont en train de se détester ? Ils ne savent pas quelles abominations ils sont en train d'introduire dans l'enfant qui va naître, et plus tard cet enfant souffrira et empoisonnera son entourage.

La nutrition est une forme de conception, et l'amour est une forme de nutrition. Sachez que le Ciel vous tient responsable de ce que vous mettez dans l'âme et le cœur de votre partenaire. Le reste ne compte pas tellement. Si vous embrassez votre bien-aimé alors que vous êtes malheureux, déprimé, pour vous sentir enfin soulagé, comme cela arrive souvent, eh bien, c'est criminel, parce que vous lui avez donné toutes vos saletés. Il ne fallait pas choisir ce moment-là. Aimez qui vous voulez, embrassez qui vous voulez, mais pas avant d'avoir développé le meilleur de votre cœur et de votre âme, ce que vous possédez de plus lumineux pour le donner à l'être que vous aimez. Ce n'est qu'à cette condition que le Ciel ne vous condamnera pas. Si les humains vous voient, peut-être vont-ils vous condamner, mais le Ciel vous applaudit.

Après neuf mois passés dans le sein de sa mère, lorsque l'enfant naît, on coupe son cordon ombilical, et il se nourrit alors de façon indépendante.

Pourtant, même sorti du sein de sa mère, l'être humain est encore dans le sein d'une autre mère, la Nature, et il se nourrit par un autre cordon ombilical, le plexus solaire. Dans l'Inde, en Chine, au Japon, il existe des techniques très anciennes pour apprendre à se nourrir par le plexus solaire. Vous aimeriez bien les connaître... mais qu'en feriez-vous alors que vous n'êtes pas encore capables de prendre vos repas d'après les règles que je vous ai données ?

Comment ne pas être saisi d'admiration devant cette Intelligence divine qui a tout arrangé si merveilleusement ? On mange quelques fruits, et voilà que cette nourriture une fois digérée et assimilée contribue à la vie de tout l'organisme. Quelle est cette Intelligence qui est capable d'apporter à chaque organe de notre corps ce dont il a besoin pour que nous puissions continuer à vivre ? Grâce à cette nourriture nous allons continuer à voir, à entendre, à respirer, à goûter, à toucher, à parler, à chanter, à marcher. Et aussi nos cheveux, nos ongles, nos dents, notre peau, etc... vont recevoir leur nourriture pour continuer à se développer.

Oui, comment ne pas être saisi d'admiration devant cette Intelligence ? Désormais vous devez penser davantage à elle, tâcher de la découvrir, de vous lier à elle, de la remercier et même, de temps en temps, lui demander l'autorisation d'assister au travail qui se fait dans toute la nature. Oui, car le jour où vous êtes prêt, elle peut vous accepter dans ses chantiers innombrables pour vous montrer comment elle travaille, que ce soit en vous-même ou dans les entrailles de la terre, là où se forment les minéraux, les métaux, les cristaux, les pierres précieuses... et c'est à ce moment-là que vous faites les véritables découvertes.

Quelle est, croyez-vous, l'origine de la Science initiatique ? Elle nous a été donnée par des êtres qui avaient développé certaines facultés de dédoublement qui leur ont permis d'aller visiter l'intérieur de la terre et des océans ainsi que les autres planètes, et même le soleil où ils ont pu observer toute une vie inimaginable pour les humains : une terre peuplée des créatures les plus évoluées, les plus lumineuses. Car ce que les Psaumes appellent *« Aretz ha Haïm :* la Terre des Vivants », c'est le soleil.

Donc, ces esprits tellement évolués qui ont visité toutes les régions de l'univers peuplées d'innombrables créatures nous ont laissé la Science initiatique en héritage, et c'est cette Science que je vous présente maintenant. Pour vous tranquilliser je vous dirai que je n'en connais encore que très peu de chose, mais j'espère qu'un jour j'en connaîtrai davantage. Et surtout, je vous en prie, ne m'empêchez pas de l'espérer !

TABLE DES MATIÈRES

Du même auteur :

Brochures :

nouvelle présentation

301 – L'année nouvelle
302 – la méditation
303 – La respiration,
   dimension spirituelle et applications pratiques
304 – La mort et la vie dans l'au-delà
305 – La prière
306 – La musique et le chant dans la vie spirituelle
307 – Le haut idéal
311 – Comment la pensée se réalise dans la matière
315 – La science de la vie
320 – Verbe divin et parole humaine
321 – Noël et le mystère de la naissance du Christ

Editeur-Distributeur

Editions PROSVETA S.A. – B.P. 12 – 83601 Fréjus Cedex (France)

Distributeurs

ALLEMAGNE
URANIA – Rudolf-Diesel-Ring 26
D-8029 Sauerlach

AUTRICHE
MANDALA
Verlagsauslieferung für Esoterik
A-6094 Axams, Innsbruckstraße 7

BELGIQUE
PROSVETA BENELUX
Van Putlei 105 B-2548 Lint
N.V. MAKLU Somersstraat 13-15
B-2000 Antwerpen
VANDER S.A.
Av. des Volontaires 321
B-1150 Bruxelles

BRÉSIL
NOBEL SA
Rua da Balsa, 559
CEP 02910 - São Paulo, SP

CANADA
PROSVETA Inc.
1565 Montée Masson
Duvernay est, Laval, Que. H7E 4P2

ESPAGNE
ASOCIACIÓN PROSVETA ESPAÑOLA
C/ Ausias March n° 23 Principal
SP-08010 Barcelona

ETATS-UNIS
PROSVETA U.S.A.
P.O. Box 49614
Los Angeles, California 90049

GRANDE-BRETAGNE
PROSVETA Ltd
The Doves Nest
Duddleswell Uckfield,
East Sussex TN 22 3JJ
Trade orders to :
ELEMENT Books Ltd
Unit 25 Longmead Shaftesbury
Dorset SP7 8PL

HONG KONG
HELIOS – J. Ryan
P.O. BOX 8503
General Post Office, Hong Kong

IRLANDE
PROSVETA IRL.
84 Irishtown – Clonmel

ITALIE
PROSVETA Coop. a.r.l.
Cas. post. 13046 – 20130 Milano

LUXEMBOURG
PROSVETA BENELUX
Van Putlei 105 B-2548 Lint

NORVÈGE
PROSVETA NORGE
Postboks 5101
1501 Moss

PAYS-BAS
STICHTING
PROSVETA NEDERLAND
Zeestraat 50
2042 LC Zandvoort

PORTUGAL
PUBLICAÇÕES
EUROPA-AMERICA Ltd
Est Lisboa-Sintra KM 14
2726 Mem Martins Codex

SUISSE
PROSVETA
Société Coopérative
CH - 1808 Les Monts-de-Corsier

VENEZUELA
J.P.Leroy
Apartado 51 745
Sabana Grande
1050 A Caracas

L'association Fraternité Blanche Universelle
a pour but l'étude et l'application de l'Enseignement
du Maître Omraam Mikhaël Aïvanhov édité et diffusé
par les Editions Prosveta.

Pour tout renseignement sur l'Association, s'adresser à :
Secrétariat F.B.U.
2 rue du Belvédère de la Ronce
92310 SÈVRES, FRANCE
☎ 45.34.08.85

PROSVETA inc.

1565 Montée Masson
Duvernay est, Laval
Québec
H7E 9Z9

Omraam Mikhaël Aïvanhov

Omraam Mikhaël Aïvanhov
Pensées Quotidiennes

Un thème de méditation pour chaque jour.

Omraam Mikhaël Aïvanhov
Collection Izvor

31 titres déjà parus, d'autres à venir.

Omraam Mikhaël Aïvanhov

CASSETTES DE CONFÉRENCES DISPONIBLES

15 TITRES DÉJÀ PARUS D'AUTRES À VENIR

Omraam Mikhaël Aïvanhov
BROCHURES

14 titres déjà parus, d'autres à venir.

Omraam Mikhaël Aïvanhov
COLLECTION ŒUVRES COMPLÈTES

32 titres parus

☐ OUI, je désire recevoir gratuitement de l'information sur les publications des éditions Prosveta, et ce, sans aucune obligation de ma part.

☐ OUI, j'accepte que mon nom soit inclus dans votre liste d'envois postaux pour être informé(e) de vos nouvelles publications, et ce, sans aucune obligation de ma part.

☐ OUI, je veux assister à une conférence enregistrée inédite d'Omraam Mikhaël Aïvanhov. Veuillez me faire parvenir de l'information à ce sujet, sans aucune obligation de ma part.

NOM: _____

ADRESSE: _____

VILLE: _____ PROVINCE: _____

CODE POSTAL: _____ TÉL.: (___) ___ - ___

ACHEVÉ D'IMPRIMER LE 24 AVRIL 1989
SUR LES PRESSES DE L'IMPRIMERIE
PROSVETA, Z.I. DU CAPITOU B.P.12
83601 FRÉJUS CEDEX, FRANCE

– N° d'impression : 1699 –
Dépôt légal : Avril 1989
Imprimé en France